KB075021

웰백

오십에 만드는 백세 습관

차례

2장 오감이 활발하면 청춘이다

3장 의미있는 소통으로 품위있게 살자

머리말

"당신은 백세까지 건강하고 활기찬 삶을 살 수 있을까요?"

"백세시대 왜 우리는 백세를 살지 못 하나요??"

방송을 틀면 '암을 이기는 식생활,' '각종 질병 예방법'이나 '치료 방법들'을 소개한다. 그뿐인가 '건강한 삶을 위한 자신에 맞는 음식 처방,' '비타민 등 다 알기도 어려운 영양제 소개,' '몸 단련을 위한 다양한 운동 방법들'을 방송한다. 많은 전문가와 패널이 심층 분석하고 조언하니 볼거리가 참으로 넘쳐난다.

우리는 열심히 운동하고 처방 약과 영양제를 복용하고, 음식도 가려먹는데 왜 아프고 고생하면서 살아갈까? 오래 살지 못하고 삶을 마감해야 하나? 90대까지 장수한다고는 하지만 80대 이후부터 요양원이나 병원에서 수년 혹은 십수 년을 살다가 생을 마감하니 참으로 안타깝다.

나이가 든 우리 주변을 보자. SNS나 문자를 통해 암 발병 친구, 당뇨, 관절염, 통증 등 많은 질병 소식에 급환으로 떠난 이웃들의 소식을 듣는다. 이것이 우리 실버의 현주소인가?

누구나 행복한 생활을 바라건만 많은 사람은 '왜 행복한 삶을 누리지 못하고 힘들게 살아가는가?' 육체적 건강, 물질적 풍요와 함께 우리 인간은 정신적 안정과 만족을 누려야 행복한 삶이라고 할 수 있다. 인간은 정신적으로 '진정 내가 원하는 삶으로 가고 있는가?'와 그 방향성에서 행복과 불행을 느낀다. 어떤 이는 어려운 경제환경에 처해 있으면서도 풍성한 행복을 누린다. 반면 넉넉한 삶을 영위하면서도 불행하게 살고 있는 이도 다수이다.

사회에서의 시선은 중년 이후 세대에게 호의적이지 않다. 꼰대. 건강보험충이, 연금충이 등 듣지도 보지도 못한 말들이 세상을 떠돈다. 산다는 게 젊은 층이나 정부에 민폐를 끼치는 존재처럼 여겨지기도 한다. 안타까운 현실이다. 가족을 위해 휴일 한번 없이 일했고 오직 자식 잘되기만을 바라는 마음으로 살아왔다. 보릿고개 경제에서 먹거리가 남아도는 풍요로운 국가로 오는데 이바지했건만 꼰대라 한다. 수입은 줄고 몸은 노쇠해 가만히 있어도 위축되는 나이 건만 사회의 부정적 인식이 모두를 더욱 힘들게 한다. 이대로 살 수 없다. 다른 세대를 탓해서는 안 된다. 우리의 책임이다. 우리 품위있고 행복하게 백세까지 살아가자. 가진 게 많으면 많은 대로 부족하면 부족한 대로.

우리 실버 세대는 경험과 지혜가 남다르게 꽉 차 있는 에너지가 있으니 가능하다. 후세에게 노하우를 전할 사람도 우리뿐이다. 누가 구십, 백세까지 가보았단 말인가.

백세까지 장수하면서 행복한 삶을 영위한다면 '웰빙 백세'를 사는 자연스러운 '웰백'인이다. 저자는 중년 이후 나이가 듦에 따라 행복한 백세를 위한 환경과 자신의 조화 및 지혜와 경험이라는 강점을 활용해, 미처 생각도 못 한 뇌 사용법을 공유하고, 자신을 위한 긍정적 에너지를 창출하며, 능력과 재산의 일부를 자녀와 사회에 흘려보내는 디딤돌 백세에 대한 생각을 공유하려 한다. 학창 시절이 어제 같고 청춘의 감정은 아직도 그대로지만, "이 나이에 무슨 새로운 일이야, 이대로 살다 죽지 뭐, 애들이 속만 안 썩이면 돼, 건강하기만 하면 그만이야."라며 오롯이 과거를 바탕에 깔아 놓고 현재에만 안주하는 듯하다. 천년을 살려는 손쥐엄(손에 꽉 쥐고 살아가는 뜻)하고 사는 우리인가?

뇌를 다시 살리고 정신을 새롭게 하여 우리의 마음과 몸을 거듭나게 만들자. 이제 시작이다. 웰백은 백세를 향한 우리의 여정이자 희망이며, 우리의 미래 가치관에 부합하는 행동을 촉구함으로 깊은 만족감과 행복을 가져다준다. 그간 우리는 뇌를 제대로 알려 하지 않았고 늘 그냥 있는 존재로만 생각해 왔다. 뇌는 돈을 지불하지 않고 공짜로 무한대로 사용할 수 있는 권한이 나에게 있으니, 이제부터 뇌를 사랑하고 아주 가까이 지내자. 나이 드는 우리의 강점은 지금껏 사용해 온 뇌에 있을지 모른다.

본서는 실버가 뇌 건강에 대한 관심을 자극하고 활기찬 삶을 위해 실제로 적용할 수 있는 습관과 행동 방안을 제시하려 한다. 저자는 삼십여 년간 수많은 기업과 정부 기관 그리고 대학교(원), 기업 인재개발원을 통해 만난 이들과 나눈 삶과 지식, 석학 교수님들과 교류를 통해 얻은 깊은 철학과 심층적 전문지식, 김형석 교수님, 이길여 총장님의 모범적 인생

실화를 기반으로 내용을 적었다. 무엇보다도 교회 신앙생활에서 받은 영적인 깨달음과 담임목사님의 주일 설교를 통해 얻은 사랑과 생명에 대한 사유 그리고 사회적 섬김을 위한 소명이 본 저서의 철학적 바탕이다.

본서의 구성은 제로 베이스에서 시작한다. 하얀 도화지를 펼치고 큰 그림(빅 피처, Big Picture)을 그려보았다. SWOT(스왓, 자신과 환경을 조화롭게 분석하는 기법)을 활용하여 나이 든 세대의 장점과 약점 그리고 사회환경으로 주어진 좋은 기회와 혜택들, 좋지 않거나 부정적으로 작동하는 위협 요인들을 개괄해 각 칸에 채워 보았다. 그다음, 분석을 통하여 책 구성의 방향을 도출하였다. 나이 든 세대의 장점(강점)과 약점에서 앞으로도 잘해 나갈 수 있는 몇 가지를 찾아내고 정리했다.

첫 번째

중장년 이후 세대들의 경험과 지혜는 어느 세대를 막론하고 보편적, 주관적으로도 상당히 우월하다. 그래서 창의적 주체성을 확보하여 정신과 몸 건강을 활성화할 수 있는 최고의 뇌활용에 대하여 구체적으로 서술하였고 뇌 건강법을 선보였다.

두 번째

오랜 삶을 통해 수없이 반복 사용한 다섯 감각을 잘 살려서 보다 젊은 백세 생활을 위한 오감 살리기 포인트들을 이 저서에서 정리해 보았다.

세 번째

단점인 나이 듦에 따른 육체적 노쇠함과 사회적으로 편견의 대상이 되어버린 실버 세대의 문제를 남 탓이 아닌 스스로에 있음을 발견하고 공유했다. 라떼, 연금충, 꼰대 등 어느 나라 말인지 누구에게 하려는 건지 참으로 어색하고 난감하다. 소통하는 세대로 변신하자. 어렵지 않게 젊은 세대가 우리를 품위있게 보도록 하는 태도 등을 묘사하였다.

네 번째

디딤돌이 되고 멘토가 되자. 다 우리 자식들이고 손주가 살아갈 나라이다. 또한 이들을 위해 우리 스스로를 깨끗이 하고 품위있는 말을 구사하자.

다섯 번째

백세까지 살아가는 웰백(웰빙백세) 건강에 대해 알아본다. 기본 운동을 겸해 체력을 증진하자.

여섯 번째

우리의 단점을 손에 쥐고만 살지 말자. 나에게 우선 투자하는 예방 재산을 잘 관리하고 살아가자. 자녀나 가족들에게 필요한 선순환 경제를 만들고, 사회에 나누기 위하여 증여할 수 있는 재산은 속히 내려보내자.

마지막으로

슬기로운 백세를 위한 우리의 사고와 행동 그리고 마지막날 아름다운 단풍이 되고 행복한 모습의 백세인으로 나를 나타내자. 가족과 이웃 그리고 국가에 감사하고 하나님께 전심으로 감사드리는 영성 깊은 백세인 ○○○의 선언으로 구성했다. 늙어가는 육체를 아름답게 여기고 건강을 관리하고, 자족감을 위하여 할 수 있는 사고와 습관을 지금부터 몸에 배이게하여 사회와 소통하고 품위있으며 오래 행복하게 살아가는 현대 실버인이 되고자 하는 바람이다.

하나님께 이 책을 올려 드린다.

프롤로그
: 웰백 목차 만든 배경

대표적으로 가장 널리 알려진 도표가 스왓(SWOT. 자사의 강점, 약점, 환경에서 오는 기회, 위협 4가지)이라는 툴이 있다. 기업의 강점을 중심으로 약점을 보완하고 외적환경에서 오는 기회를 기업의 자산화하며 이를 통해 외적 환경에서 기업을 위축시키고 위협하는 요인들을 보완하는 방법론이다.

이 툴을 50, 60대에 대한 지혜롭고 현실적인 방안을 도출하고자 적용해 본다. 이러한 방법론의 장점은 간명하게 나의(기업) 주변을 정리하고 요약할 수 있으며, 관계자들 간 확인이 쉽고 의사소통이 간편해진다. 또한 항목 간 연결을 통하여 나아갈 목표나 방향성을 찾는 데 큰 효과가 있다.

아래 도표처럼 각 칸에 우리 50, 60대가 가지고 있는 강점(Strength)을 간단히 적고 그 오른 칸에는 우리의 단점 즉 약점(Weakness)을 요약하여 적어둔다. 왼쪽 하단부에는 50, 60대에 대한 사회, 문화, 경제 등 외부에서 이로운 점 즉 기회(Opportunity)를 정리한다. 기회 오른쪽 칸에는 외부로부터 느끼는 위협(Threat)을 요약하여 적어둔다. 각 단어 앞

글자를 조합하여 SWOT(스왓)이라고 부른다. SWOT에 중장년층의 강점, 약점, 기회, 위협을 적어보았다.

강점	경험적 현명 • 지혜 인맥 재산 끈기, 희생 익숙함 히스토리 〈국가수호, 국가부흥, 후세교육〉	노화, 쇠약 고집, 꼰대 소통단절, 위축 수입 소멸 디지털기기에 대한 소외 새로움의 이질감	약점
기회	집단파워(정치), 인구수 확대 복지 등 집중 확대 〈일자리, 건강검진, 치료〉 기초, 주택연금 의료발전, 수명연장	부정적 사회 시선 세대간 갈등치기 문화 제2의 직업의 부조화 〈경력과 무관한 단순노동〉 새로운 질병들의 유행	위협

이 도표를 통하여 다음과 같은 방법으로 정리 분석을 해보면

1. 강점인 경험을 통한 지혜와 약점인 노화, 쇠약을 연결하여 이 부분을 설명한다. 뇌 자극을 통해 뇌를 건강하게 만들어 노쇠를 늦추고, 근력운동을 지속적으로 하며, 몸에 이로운 비타민과 영양제, 균형 잡힌 식단을 준비하고 꾸준히 섭취하는 습관을 유지한다.

또 하나를 적용해 보면 가진 재산을 강점으로 삼을 수 있다. 노화를 조금이라도 늦추는 방안으로 재산의 일부를 자기 치료에 즉 예방 재산에 투자하고, 운동 전문가에게 상담을 받아 실행하고 피부 주름 등을 시술과

처방을 받아 개선할 수 있다. 사회적 고립을 피하기 위하여 운동, 취미, 문화 모임에 적극 참석하고 자녀, 가족 그리고 지인들과 정기적 만남을 약속해 식사와 다과를 대접해 전략적 슬기로움을 찾는 방안이다.

강점인 지혜, 끈기, 역사성을 약점인 꼰대, 고집쟁이에 대입하여 보면

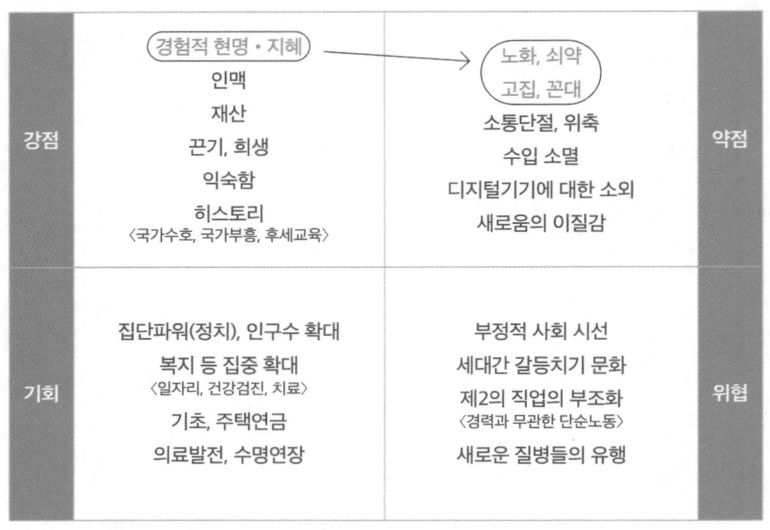

(도표:경험적 현명지혜의 뇌 활성화로 노화, 쇠약을 지혜롭게 극복해 나가고 꼰대문화에서 탈피하는 품위, 자족을 세우는 실천을 함)

꼰대 소리를 듣지 않기 위하여 스스로 극복하고, 후세 사람들에게 도움을 주며, 부요함을 주는 디딤돌(기반) 기댈 언덕 같은 존재가 되자. 역작용과 좋지 않은 이미지를 주는 것을 스스로 용납하지 말고. 사회가 싫어하는 점은 당장 버리고 품위를 지키는 지혜와 후대를 챙기고 우리가 희생할 때, 사회 지위 재확보와 어른의 권위가 주어지는 방안을 마련한다.

2. 강점을 가지고 기회를 편승하는 전략이다. 예를 들면 외적으로 실버 계층의 지속적 확대는 쉽게 바뀌지 않는 사회적 흐름이다.

중년 이상의 인구수는 점점 늘어나는 시대에 강점을 바탕으로 집단지

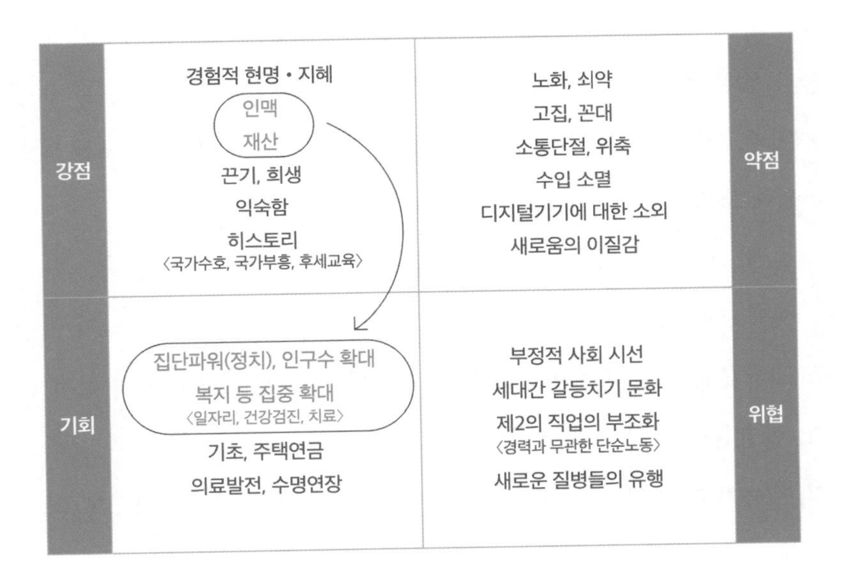

성을 발휘하여 젊은 층에 멘토링과 조언 그리고 소통을 할 수 있다. 상호 간의 필요 관계 및 동등한 구성원으로 인식하는 문화를 정립해 나가는 방안을 도출한다. 사회 흐름에 부합하는 요구를 정당하게 표출하고, 이 요구 또한 민주사회의 정당한 권리임을 서로 수용하여 불평 없는 구조를 만들도록 노력한다

3. 위와 같이 강점을 활용하여 사회에서 오는 위협을 최대한 보완하는 방안을 찾는다. 부정적 사회 시선과 갈등을 유발하는 세대 간 갈라치기 문화를 극복할 실행 방안을 도출한다. 스스로 건강관리를 통하여 영육 간의 강건함을 세우고 사회적 지출을 최대한 줄이려 노력한다. 희생에 대한 대가를 요구하는 기득권 문화 그리고 꼰대의 마음에 내재한 아집은 내려놓자. 젊은 층의 시선에 응답하는 소통의 관계를 맺도록 한다.

첫째, 노화는 막을 수 없지만 뇌의 창의성 발현으로 경험, 지혜를 뇌와 연결해 노화를 지연시킨다.

둘째, 고집, 꼰대 문화를 극복해 새로운 옷을 걸치며

셋째, 위축과 소통 단절 문제는 스스로의 오감을 확장하고 뇌의 시냅스 교류를 증폭시키는 변화를 통해 극복하며, 어른들에 대한 부정적 문화, 반발을 수용하고 이를 적극적으로 개선되게 한다. 멘토링과 사회공헌, 재능기부, 장기기증 그리고 시민으로서 제 몫을 다할 수 있도록, 체력도 유지하고 영육 간의 강건함으로 사회적 비용을 줄이며

넷째, 종교 생활을 통해 소통하고 자존감과 품위를 유지하고

다섯째, 보유한 재산을 충분히 활용하여 시민으로서 자신을 세우고 몸을 단련하여 사회에 환원하며, 후대를 위하여 내어주는 디딤돌로써 어른의 희생도 필요하다.

마지막 날에 감사와 행복으로 주위의 존경을 받고 생을 마무리하는 멋진 백세의 흐름을 도출하였고 가급적 이를 중심으로 전개하였다.

1장

뇌는
늙지 않는다

뇌는 늙지 않는다

겨울이 끝나고 봄이 시작되던 어느 날 삼성전자로부터 온 전화 한 통화

일주일 후 첫 미팅. 회의실의 분위기는 겨울보다 더 춥고 싸늘하였다.

삼성전자와 엘지전자 그리고 현대자동차 소위 우리나라 대표기업들은 미, 일, 독의 기술을 배우고 모방하였지만, 우리나라의 특수한 근면성과 연구개발로 그들의 기술을 빨리 따라잡았다. 디자인이나 마케팅에서도 탁월한 역량을 보여 그들과 대등하면서도 시장을 점유하는 놀라운 성과를 기록하며 대한민국의 경제는 날로 성장했다.

하지만 뉴스에는 늘 아쉬운 기사들이 나돌고 경제학자, 공학자들은 혁신적인 기술 개발과 독특한 상품 부재를 문제로 다루었다. 우리나라 상품이나 기술들이 글로벌 리딩 제품으로 우뚝 서지 못했기 때문이다.

연구 개발자나 관련 일들을 하는 사람 및 조직이라면 누구나 혁신적인 기술 개발, 소재 개발, 공정 개발 등에 관심을 갖던 시절이었다. 우리도 마케팅 전공자라서 기술, 상품 개발 프로세스를 다루고 가르쳐, 경쟁자보다 더 좋은 상품, 디자인 등을 찾아내는 방법론과 스킬, 새로운 사고를 수시 연구하고 배우고 선진 방법론을 접목해왔다. 선진국과 전문가들의 선행

기술 개발 프로세스, 예를 들면 세계적 컨설팅 회사들인 BCG 보스턴컨설팅 그룹, 맥킨지사 등의 기법과 석학으로 명성 있는 경영학 그루인 피터 드러커 교수, 마케팅 아버지 필립 코틀러 교수, 전략의 대가 마이클 포터 교수 등의 기법들이 있다. 기법의 숙지는 기본이고 우리 기업 입장에 맞지만 기존 기법을 뛰어넘는 혁신적인 방법론이 필요했다. 혁신적인 방법을 적용할 때, 글로벌 리더 기업이 됨은 물론 경쟁에서도 지속적 우위를 차지할 수 있고 기업의 영속 또한 가능할 것으로 판단했다. 우리는 모방의 한계를 실감하면서, 혁신 위의 혁신, 모방을 뛰어넘는 창의적 아이디어 개발, 창조적 혁신을 위한 뇌 학습이 필요했다. 현장에서 적용할 수 있는 뇌를, 활성화를 통하여 창의적 개발 방법론을 정립하기 시작하였다.

두 저자 모두 중년의 나이였으니 일반적으로 창의성과는 거리가 멀다고 여기는 세대였지만, 뇌를 활용하고 개발하는 데 나이는 무관했다.

하지만 한 통화의 전화로 성사된 첫 미팅에서의 싸늘한 분위기와 그 눈빛을 잊을 수 없다.

삼성전자 업무 개시 전 사전 미팅, 장소는 화성에 있는 삼성전자 반도체 캠퍼스, 연구소장, 각 분야의 일부 부서 임원, 수석, 책임 등 20여 명과 담당들로 구성된 모임이었다. 회의 진행은 모임 주선 부서 팀장이 맡았다.

서로 인사를 나누고 간단한 소개를 한 후, 책임자는 간략히 배경에 관해 설명했다. 머리가 혼란스러웠다. 반도체 부문에서 풀어야만 하는 전년도의 난제(難題), 7가지 프로젝트에 대한 솔루션을 제시하는 것이 과제라고 말하였기 때문이다. 수석 중 한 명이 저자 중 한 명에게 질문하였다.

"반도체 회사에서 근무한 경력이 얼마나 되십니까?"

"전혀 없습니다."

잠깐의 침묵.

"글로벌 컨설팅 회사에서 반도체 기업 컨설팅 경력은 얼마나 되십니까?"

"없습니다."

어색하고 냉랭한 분위기가 이어졌다.

"마지막으로 학교 다닐 때 전공은 관련하여 있는지?"

"마케팅이 주전공입니다."

겨울왕국의 서리가 내려앉고, 모든 이의 눈빛은 싸늘하게 다가왔다. 그 와중에서도 주선 부서의 팀장은 회의를 부드럽게 이어갔다.

7개 프로젝트의 담당이 과제를 설명하는데 알 턱이 없는 기술 용어가 난무했다. 그저 듣고 가끔 고개만 끄덕이면서 메모만 열심히 하며 삼십여 분을 보냈다.

그때나 지금이나 삼성전자의 유연한 사고(Flexible)와 다양성을 수용(Accept)하는 문화를 존경한다. 그들의 업무를 이해 못하더라도 배척하지 않고 끝까지 인내심으로 상대를 배려하는 직원들의 태도 속에서 "무언가 새로운 게 있을 거야." 하고 소통하는 모습이 오늘날 글로벌 삼성을 만들지 않았나 싶다. 설명을 마친 참석자들은 저자를 바라보면서 어떤 지침을 제시하고, 어떻게 프로젝트 진행을 이끌어 나갈지, 저자가 입 열기만을 고요히 기다렸다.

우리는 담당이 설명한 주요 프로젝트의 기술 로드맵(요약된 기술개발 프로세스를 말함)이나 개발 방법론을 예로 들어 토론을 시작했다. 평상시에 적용하던 일반적 흐름인지, 주요 경쟁자들도 사용하는 기술 로드맵인지, 나아가 주로 사용하던 방법 외에 적용하는 다른 로드맵은 있는지, 구성된 팀에서 구성원들 경력과 전공 등 어떻게 되는지 물었다.

당시 삼성전자의 메모리반도체 사업부는 세계 최고 점유율 조직으로 인재들의 역량, 학력, 경력은 세계 최고의 스펙이었다. R&D(연구개발 Research & Development)에 투자하는 한국기업의 의지라고 판단했다. 팀원들은 관련 업무에서 적게는 수년, 많게는 이십 년 이상을 근무한 숙련된 연구원들이니, 얼마나 다양한 사례를 공부하고, 배우며 연구하고 개발해 생산라인에 적용하면서 혁신적인 솔루션을 찾으려 했을 거라 생각하니 마음이 복잡했다.

삼성전자의 임직원이 해보지 못한 새로운 창의적 방법론을 제시하며 사용하던 기술 로드맵, 연구개발 방법론 외에 색다른 아이디어 도출을 위한 연결고리를 설명하였다. 기존과는 완전히 다른 사고로 문제에 접근하고 어떻게 적용할 것인지에 대한 연구 방법론과 창의적 기법을 발표하면서 공감대를 형성했다. 이론과 실전에 최고인 전문가들을 앞에 두고 감각적인 컨셉이나 개념, 뜻을 말하거나 응용할 수 없는 논리나 방법론을 꺼내서도 안 됐다. 낯설고 이상하지만 시도해 보면 될 듯한 무언가 새로운 해결책을 찾을 수 있겠다는 확신을 주어야 한다. 더불어 '저 방법론이면 명료하게 새로운 솔루션을 발견할 수 있겠다.' 하는 직관적이며 실전적인 확신을 동시에 주었을 때, 비로소 서로 소통할 수 있고, 합의점에 도달해 업무를 추진할 수 있게 된다.

그때 제시한 창의적 접근법을 몇 가지 기억해 보면 삼성전자 팀원들의 기술개발 스타일은 정확하고 정형화된 구조였고, 섹션별로 나누어 진행했으며 본인의 업무를 정교하게 연구, 테스트하고 검증하는 과정을 반복한 후에야, 다음 스텝으로 넘어가 업무를 완료하는 방식이었다

미팅에서 우선 팀원들의 머리를 즉 뇌 사용을 말랑말랑하게 하는 오감 활성화 기법과 문제를 바라보는 시각이 연구원들의 시점이 아닌 다른 눈(스펙트럼 eye 창의 툴)으로 문제를 들여다보는 창의 툴, 기존 개발 로드맵과 다른 컨셉츄얼(개념적) 로드맵핑, 12 Method(자연을 비롯한 12차원으로 솔루션 도출) 등을 제시하고 몇 가지 프로젝트에 대입하여 보면 좋겠다고 제안했다.

미팅을 마칠 때 함께 있던 대부분의 리더들은 서로 인사하면서 잘 부탁드린다고 큰 인사를 하니 우리는 더욱 공손히 인사를 드리고, 함께 하면 여기 계신 분들이 난제를 반드시 해결할 수 있을 거라 확신을 주었다.

추운 날이었지만 화성 캠퍼스 정원에 있던 목련의 몽우리는 하얀 속살을 드러내고 있었다.

이후 프로젝트는 총 7개 TFT(Task Force Team, 특별한 업무를 수행하기 위한 일시적인 팀)를 구성하였으며 각 팀에는 상무 한 분과 팀원 다섯에서 일곱 명이 있었다. 약 40여 명과 함께 180일간의 창의적 문제 해결 과정을 진행했다. 우리는 모든 팀의 코치 자격으로 프로젝트에 참여했다. 우리는 뇌 활용을 통한 창의적 방향만 제시하고 간혹 아이디어만 낼 뿐, 모든 솔루션은 삼성전자의 팀원들이 찾아냈고, 샘플 만들고 라인에 태우는 등 결과를 만들었다.

약 6개월 후 반도체 메모리 사업부 사장님과 주요 임원들이 참석한 가운데 최종 결과물을 7개 팀이 발표하고 그 자리에서 진행 승인도 받아내는 프레젠테이션 날이었다. 5개의 프로젝트를 즉시 시행하라는 지침과 2개의 과제를 계속 연구하라는 피드백을 받았다.

사장님께서 말씀하시길,

“우리 구성원들의 실력이 아닌데 하하, 엑설런트”

그 자리에서 격려금이 주어졌고, 과정 중에 수십 건의 세계적 특허를 출원했다. 그중 프로젝트 결과 하나로 인해 천문학적 투자가 이어지는 멋진 성과를 이루기도 했다. 다른 프로젝트 결과물들을 현장에서 적용해 세계적인 경쟁우위를 확보할 수 있었다.

머리가 좋고 안 좋고의 문제나, 나이가 많고 적고도 아닌, 누가 자신의 뇌를 자극하고 활성화하여 창의성 발현을 맛 보는지가 중요하다고 생각한다. 창의적 기법들은 일반인 누구라도 삶과 일터에서 적용한다면 보다 나은 현재와 미래가 다가오고, 이 체험을 맛본 이들은 창의적으로 일에 임하게 되는 태도를 내재화해 스스로 혁신적인 최종 결과물을 얻을 수 있다고 생각한다.

프로젝트 주제는 다음과 같다.

초격차 64단 이상의 초고층 3D NAND Flash를 위한 구조 도출

SSD 자동 고객시스템 이슈 분석, 해결하는 최적 Soultion 제공

초 경쟁력 확보를 위한 메모리 Test Conversion Free Solution

초격차 Planar Flash에서 Large Array 구조 극한 기술 개발

Not-open Free VNAND String Super System 개발

DRAMless NVMe SSD 차차세대 개발

NGR PWQ의 수치화를 통한 분석 자동 시스템 개발

이후 삼성전자 반도체 사업부뿐만 아니라 가전, 디자인 사업부 등 여러 곳에서 총 300여 회의 조직원 창의성 내재화 혹은 창조적 문제해결 과정을 운영, 코칭하며 프로젝트를 진행했다. 대표적으로는 생활가전 필수품인 의류관리기 삼성 에어드레서(경쟁사와 차별된 창의적이고 혁신적 구조)개발, 삼성전자 디자인사업부 내 디자이너들과 함께 크리에이티브 오브 크리에이티브 과정, 광주 프리미엄 가전 공장 완전 자동화 프로젝트 등이 있다.

01
고목나무에 피는 꽃

실버들만의 강점 경험과 뇌. 뇌는 끊임없이 성장한다

내가 가장 높은 곳에서 세상을 바라볼 수 있게 해주는 뇌,

끝없는 생각으로 나의 생애를 이끌어 오고

이제 알 만한 세상의 이치와 나의 지혜,

몸은 노쇠했지만 아름답게 늙어가는 자신에게 늘 새로움을 주며 지금까지 항상 함께하고,

인생 마감날까지 귀중한 자본이고 지불 없이 공짜로 사용할 수 있으며

마지막 날 나를 인도할 뇌. 이제부터 더욱 사랑하리라

육신은 노쇠하나 뇌의 전성기는 아직 오지 않았기 때문에 나는 성장을

소망한다.

나에게 가장 소중한 뇌를 너무도 모르고 살아온 우리에게 반전은 시작된다.

뇌의 중요성(2%)

뇌의 무게는 1.4kg, 용량은 1,300cc 전후이다. 2020년 건강보험공단 발표 자료에 의하면 성인 남성 평균 몸무게 70~75kg, 성인 여성은 55~60kg라고 한다. 몸무게의 약 2%를 차지하는 뇌는 우리의 정신줄이며 기억, 학습, 사고, 의사소통 등 인지기능, 몸을 움직이는 운동 제어 등 모든 감각을 통제한다.

심장 박동, 숨쉬기, 소화 등의 자동 기능을 조절하는 등 생체의 기본적인 생존에 필요한 핵심적 기능을 담당한다. 나이가 들어도 건강한 뇌는 신경성 질환(알츠하이머 및 기타 치매 등)을 예방하고 발생률을 낮춘다.

감정과 정서의 안정성 그리고 사회와의 소통에도 큰 역할을 한다. 특히 최근에 치매는 나이 든 세대 뿐만 아니라 30, 40 세대에게 초로기 치매 발생률이 높게 나타난다.

기억력이 줄어든다고 "내가 늙었구나." 판단해 뇌 건강 돌보기를 소홀히 해서는 안된다. 그리고 젊은 세대는 뇌가 건강하지 못하면 뇌세포 손상이 상대적으로 빨리 진행되므로 뇌 건강과 뇌 활성화에 조금만 노력을 하면 좋은 결과를 얻을 수 있다.

고목나무에 피는 꽃은 뇌

주로 키가 큰 나무로, 여러 해 자라 더 크지 않을 정도로 오래된 나무를 고목나무라 부른다. 성장이 없으니 아름다운 꽃은 피울 가능성이 낮은 즉 희망이 없는 나무라 표현하기도 한다. 그러나 오랜 기간 꽃을 피우지 못하는 고목나무에서 꽃이 피면 그 자체만으로 동네의 경사이고, 뉴스감이다. 이를 보고 사람들은 새로운 희망과 열정을 꽃피운다

우리 몸의 근육을 오랫동안 사용하지 않으면 점점 퇴화되고 근력이 줄어 운동을 하거나 힘을 사용해야 할 때 오래 버티지도 못 하고 무거운 물건 등을 들어 올리지 못하게 된다. 그래서 운동을 통한 체력 증진은 노력이 필요하다. 운동은 쉽지 않을뿐더러 고통스럽다. 하지만 '고난(苦難) 후에 낙(樂)이 온다.'는 말처럼 운동을 꾸준히 하여 근육을 유지하거나 키우면 건강하고 튼튼해진다. 외모도 아름다워진다.

인간의 뇌는 사람의 근육과도 유사한 사용, 강화 메커니즘을 갖는다. 뇌도 사용하면 할수록 건강해지고 더 활성화되고 좋아지지만, 변화 없이 일상적 사용하면 근육이 더 붙지도 않는 것처럼 오히려 축소된다.

근력이 커지는 것처럼, 뇌를 자극하면서 활성화하기 위해 노력한다면 뇌는 점점 활발히 성장한다. 도파민, 세로토닌, 엔도르핀 등 기분 조절과 관련된 호르몬 즉 신경전달물질을 대폭 증가시켜 사람의 정신과 건강에 활력을 더해 준다. 운동은 훈련의 고통이 있고 지루해도 반복하며 꾸준히 해야 하지만 뇌의 단련과 강화는 근육 강화와 다른 특이점이 있다. 뇌의 발달은 몸의 고통이 없고 근육 강화로 피부의 터짐도 없다. 각종 운동기구나 도구가 없어도 가능하고, 익숙지 않은 것들에 대한 도전, 즉 즐거운 시도만 하면 된다.

뇌의 활성화가 근육과 또 다른 점은 공짜로 이루어진다는 점이다. 뇌 건강 즉 활성화는, 과격한 몸짓이나 돈을 지불하며 비슷한 행동만을 지루하게 반복하는 운동이 아닌, 평소에 머리 쓰기를 계속하면서 새로운 생각, 행동 그리고 간단한 생활 창의 기법을 실천하기만 하면 된다.

우리 50, 60대에게 뇌 강화는 유리한 측면을 가져다준다. 실버들은 살아온 긴 여정 속에서 시행착오 그리고 지혜와 경험 축적으로 뇌 사용법을 이미 스스로 잘 알고 있다. 나이 든 우리가 머리를 더 잘 사용할 수 있다는 사실은 실로 엄청난 장점이고 인생 후반기에 기회일 수 있다.

창의력, 뇌 활성화하면 아이를 떠올린다. 아이의 뇌와 성인의 뇌는 차이가 있을까? 아이의 뇌는 양육자의 지속적인 관심을 통해, 세상에서 중요한 것과 아닌 것들에 대해 통합적인 방식, 즉 다중감각을 사용해 환경에 적응해 나간다. 그렇기 때문에 아이들의 뇌 발달은 보호자의 양육 방식과 환경에 의해 크게 좌우된다. 이때 아이의 뇌가 가진 시냅스(뇌세포끼리의 연결구조 그물망처럼 생긴 신경망)는 성인의 두 배 정도이며 더욱이 모방에 특히 유능하다. 즉 무엇이든 받아들이고, 상상하며 연결할 수 있는 뇌 구조를 갖는다. 뇌는 이렇게 환경에 맞게 신경구조를 변화시켜 성장하는데, 이와 같은 뇌의 유연성을 가소성(plastic)이라고 한다. 엄마들이 아이를 돌보다가 실수로 아이 머리가 바닥에 닿거나 부딪히면

"아이들 머리는 말랑말랑 해서 괜찮을 거야."

하면서 어른들께서 안심시키던 일들이 기억 난다. 이렇듯 아이들 뇌 구조도 그렇다고 한다. 쉽게 말해 부드러운 재질의 플라스틱처럼 말랑말랑하고 휘어짐도 좋아서 원하는 대로 변형시키기 좋은 특성을 가소성이라고 한다. 이처럼 뇌는 우리의 생각에 따라 변화되고 어떻게 사용하느냐에 따라 탄력적으로 확장되는 높은 유연성을 가지고 있다. 뇌 가소성은 평생 지속되지만 가장 왕성하게 뇌가 발달하는 시기는 약 6세가 피크이며 25세에 완성된다.

그러나 뇌 가소성은 어떻게 뇌를 사용하느냐에 따라 영원히 발전한다.

아이와 청년들이 갖지 못한 경험과 지식 그리고 지혜와 경륜을 통하여 뇌 가소성을 활용할 수 있다. 이를 바탕으로 인생 뇌 전성기를 누릴 수 있

다. 주목할 특징은 인간의 뇌가 얼마나 우수한가는 뇌세포의 수로 결정되는 것이 아니라, 각 신경세포끼리 연결망의 효율성에 의해서 결정된다고 점이다. 그러므로 나이와 관계없이 뇌를 사용하고 활성화한다면 끊임없이 뇌의 능력을 향상할 수 있다. 뇌가 활성화된다면 삶의 질과 행복이 증진되는 것 자명한 일이다.

삶을 긍정적으로 변화 시켜주는 뇌

50, 60대의 삶을 긍정적으로 변화시키고 건강을 유지하는 데 가장 중요한 포인트가 바로 '뇌'에 있으며 성취할 수 있다는 사실이 놀랍지 않은가? 뇌를 활성화하고 강화할 수 있는 50, 60대만의 뇌 세계에 들어가 보자.

"이 나이에 무슨 뇌 활동! 이대로 살다가 죽지 뭐! 지금까지도 잘살고 있는데!"

이런 사고를 하는 50, 60대는 없으리라 본다.

모든 것을 해내지 않아도 괜찮다. 지금 할 수 있고 하고 싶은 일, 단 하나에서 시작한다면 우리의 뇌는 움직이고, 한 번도 겪어보지 못한 자기 뇌의 경이로움에 스스로 감탄하게 될 것이다. 더 나아가 가족에게 분명 뇌의 중요성을 전달하는 뇌 전도사가 될 것이다.

뇌는 자신을 긍정적인 품성으로 바꾸어 주는 매력도 있다. 뇌는 학습과 경험을 통해 계속해서 발전한다. 새로운 지식을 습득하고 새로운 경험

뿐만 아니라 조그만 도전을 통해서도 새로운 연결을 형성해 성장하며 자신을 긍정적인 품성으로 변화시킨다. 뇌를 통한 긍정적인 생각은 태도와 행동들까지 긍정적으로 바꾸어 놓으며 친구, 가족 등 사회그룹과의 관계를 유지하고 사회적 상호작용을 발전시키는 역할까지 한다. 뇌 활성화는 삶이 풍요로워지고 자존감이 높아지므로 50, 60대들에게는 최고의 선물이다.

02
나이 들수록 뇌가 좋아진다

뇌 운동의 핵심- 뇌 시냅스 교통량 증폭시키기

뇌 운동의 핵심 체계를 보면, 뇌 우수성은 신경세포들끼리 연결망의 효율성에 의해서 결정된다. 자주 쓰는 시냅스는 뇌에 남으며 지속적으로 사용할수록 능력이 강화된다. 반대로 사용하지 않는 시냅스는 자극을 받지 못하여 사라진다. 그렇기 때문에 오감을 자극시키는 등 두뇌를 깨우는 다방면의 활동을 통해 시냅스를 생성하고 강화시켜야 한다.

우리의 뇌 기억 체계를 보면 각 부분이 일정한 역할을 담당하고 있다.

뇌와 기억 체계

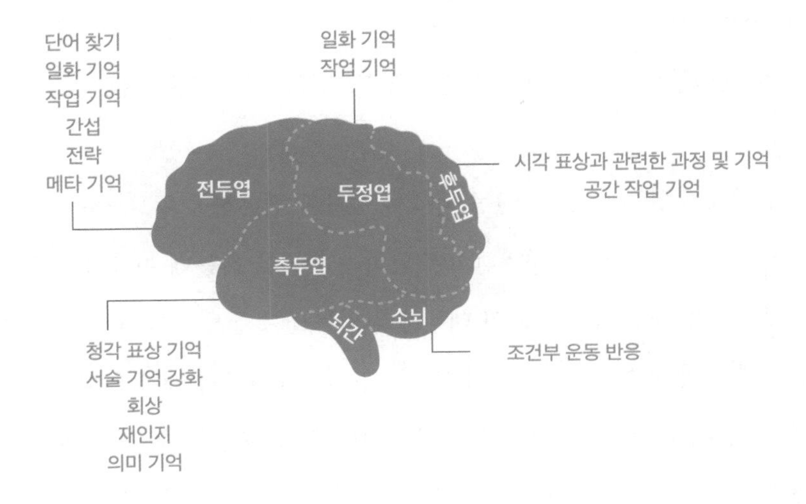

뇌와 신경망

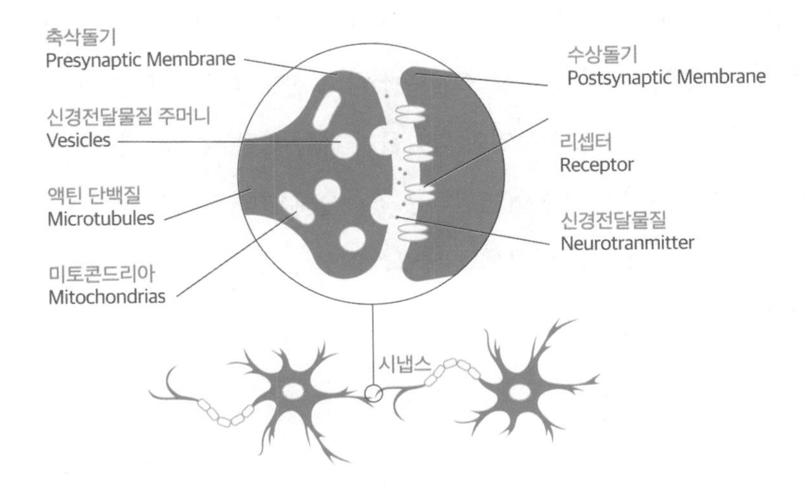

뇌세포들 사이에서 뻗어 나온 수상돌기의 연결 즉 신경망이 있는데 이 부분을 시냅스라고 한다.
뉴런(신경 세포)과 뉴런이 시냅스를 통해 연결되어 신경회로를 형성

신경세포(뉴런, Neuron)는 뇌에서 정보를 전달하는 주요 세포로, 전기적 및 화학적 신호를 처리하고 전달하는 역할을 하는데 이 신경세포가 주로 신경망을 형성하며 뇌의 대부분의 기능을 수행하며 개인 혹은 연구 방법에 따라 차이가 있지만, 약 100억 개에서 1,000억 개가 있다. 이 신경세포(뉴런) 한 개에 수백, 수천 개의 시냅스를 형성할 수 있다. 시냅스는 두 개의 신경세포 사이에서 전기적 또는 화학적 신호를 전달하는 연결 부위를 말하며 이곳을 통하여 뇌의 정보 전달 및 처리를 한다.

시냅스는 세 가지 주요 부분으로 구성되는데 첫 번째, 신경세포의 끝부분으로 시냅스의 화학적 신호를 전달하는 역할을 하며 축삭 돌기라 부른다. 두 번째, 수상돌기는 신호를 수신하고 전기적 신호로 변환하는 역할을 한다. 세 번째, 수상돌기와 축삭돌기 사이에 있는 작은 간극으로, 전기적 신호를 화학적 신호로 변환하는 공간을 말한다.

뇌 구조와 시냅스를 바탕으로 시냅스 교통량 증가와 활성화 방안을 자세히 알아 보기로 하자.

03

새로운 것을 많이 접할수록 뇌는 새로워진다

시냅스는 뇌의 학습, 기억, 인지 능력 등과 직접관련이 있어, 활성할수록 우리의 정신과 건강은 더욱 좋아진다. 우리 실버가 이 시냅스를 활성화 하는 방법이나 요령을 습득하면 웰백(백세까지 행복하게 사는 삶. Wellbeing 백세)의 삶을 열 수 있다.

경험을 통해 시냅스를 활성 할 수 있으며 기존의 경험과 시각, 청각, 언어, 운동의 신경회로를 이용하여 시냅스를 새로 발전시키는 방법을 경험 의존적 발달이라고 한다. 경험 의존적 발달은 꼭 영유아기 때만 이루어지는 것은 아니다. 성인이 되어서도 훈련과 학습을 통하여 뇌의 시냅스를 증가시키고 신경망이 정교하게 만들 수 있다. 즉 어느 나이에 자극하였느냐보다 얼마나 자극하였느냐가 중요하다. 우리 50, 60대가 뇌 시냅스 교통량을 증폭시키기 위해서는 새로운 환경이나 취미를 탐구하며 뉴런 네트워크를 확장시켜 두뇌를 자극해야 한다.

미국 캘리포니아대학교 산타바바라 캠퍼스 심리학과 연구팀이 학술지 '심리과학 저널(Psychological Science)'에 발표한 논문을 살펴보면 특이하고 낯선 글을 읽는 사람들이 데이터나 새로운 패턴을 분석하는 학습 능력이 2배 이상 좋다고 한다. 당황스럽고 혼란스러운 비일상적인 상황에 노출될수록 뇌를 활성화할 수 있다. 아방가르드 퍼포먼스를 관람한다거나 초현실주의 작품 감상이 좋은 예다. 해외여행을 가서 문화충격을 경험한 사람들에게 문제해결 능력이 20% 정도 상승한다는 연구 결과도 있다.

New New New(새롭고 색다르고 참신한) 생각과 활동을 하자!

중년은 세월이 주는 지혜로 새로움도 어렵지 않게 익숙해질 수 있는 다양한 경험을 갖고 있다. 중년의 마음은 불편이 아닌 설렘과 새로움과의 소통으로 받아들일 수도 있는 저수지나 다름없다. 뇌를 활성화할 새롭고 색다르고 참신한 생각은 무엇일까?

첫째, 일반적인 시각과 다른 새로운 관점을 채택하고, 주어진 문제나 상황을 여러 차원의 시각으로 바라봐 새로운 아이디어와 관점을 찾을 수 있다. 이런 과정을 통하여 뇌의 시냅스가 큰 폭으로 작동한다. 대표적으로 스펙트럼처럼 여러 사람의 눈으로 보는 방법이다.

스펙트럼의 눈

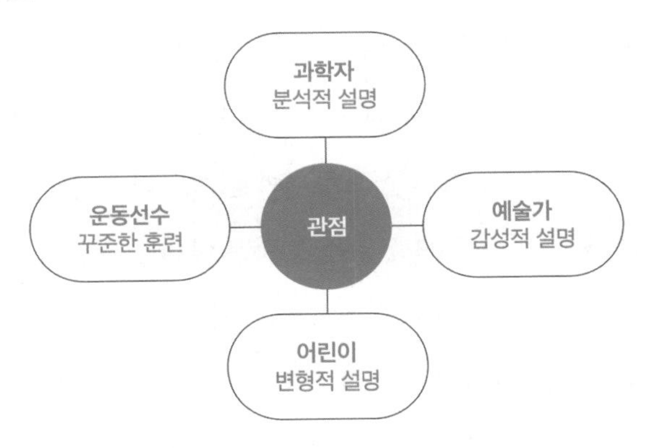

특정 문제를 바라볼 때 내 생각과 방법을 벗어나, 스스로 과학자라 생각하고 '과학자가 어떻게 분석적, 논리적 사고로 저 문제를 바라볼까?' 하면서 생각하는 동시에, '내가 아이라면? 예술가라면?' 다른 사람의 입장으로 여러모로 문제를 바라본다. 이 방법으로 쉽고 참신한 해결 방법을 얻거나 과정을 도출한다. 시냅스가 활발히 활동하면, 우리 몸에 다양한 호르몬, 도파민, 엔도르핀 등을 생성하는 데 도움을 준다.

삼성그룹 2대 이건희 회장의 영화관람 방법은 참신하고 창의성 높은 것으로 유명하다. 영화를 즐기게 된 동기는 특별하다. 12살의 나이에 일본어를 배우라는 아버지 이병철 회장의 지시로 일본 유학을 갔다. 그런데 영화에 쏙 빠져 영화관에서 살았다고 한다. 저렴한 가격에 원하는 영화를 마음껏 볼 수 있었고 3년간의 유학 생활 동안 1천여 편 이상을 봤다. 이병철 회장은 아들을 혼내지 않았고 오히려 아들의 영화를 보는 방법에 대해서 감탄했다고 한다

이건희 회장은 같은 영화를 여러 번 본다. 처음에는 주인공의 관점에서 몰입하여 영화를 보고, 다음에는 조연들의 입장에서 보고, 그리고 감독의 입장이 되어 본다. 이런 식으로 5번을 보았다고 한다. 어려서부터 여러 관점에서 탐구하니 전체를 읽는 능력뿐 아니라 통찰력, 창의력이 청소년 시절에 얼마나 확장되고 성장했을지 가늠이 되지 않은가? 세상을 보는 눈이 일반 사람보다 10개나 더 가지고 있었다는 생각이 든다.

둘째, 참신함과 새로움은 사물이나 현상을 바라볼 때 결합하여 보는 관점이다.

서로 다른 분야의 아이디어나 개념을 결합하여 새로운 관점이나 해결책을 찾는 융합 사고는 새로운 발견이나 혁신을 가져다주며, 뇌가 트일 수 있도록 한다. 사유의 경우, 시인들이 자주 쓰는 은유적 표현이, 상황의 경우 기업이나 브랜드 등에서 하는 협업이 융합 사고에 해당한다. '내 마음은 호수와 같이 맑고 투명하다.' 인간의 마음과 호수 그리고 물은 직접 상관이 없지만, 호수를 끌어들여 표현하기 어려운 마음의 상태를 시각화한다. 호수의 잔잔함, 파도침, 투명과 탁한 색상들을 마음에 대입하니 표현이 다양해진다. 브랜드들은 완전히 이질적인 상품이나 소재들을 결합하여 시장이 새로움을 선보이고 뉴스의 집중을 크게 받기도 한다.

셋째, 비판적 사고는 주어진 정보나 상황을 분석하고 의문을 제기함으로써 새로운 시각과 가능성을 탐색하게 한다.

새로운 활동이나 기술을 배우면 어떤 긍정적인 효과가 있을까? 만나게 되는 선생님, 동료 등 다양한 사람들과 소통과 협력의 기회가 생긴다. 이는 사회와의 연결을 강화하고 외로움을 줄여 준다. 개인의 자기만족도와 삶의 만족도를 향상한다. 새로운 활동에 도전하면서 다양한 경험을 쌓으면 삶의 풍부함까지도 느끼게 해준다. 노년층도 현재의 기술과 사회 문화의 변화에 적응해 현대 사회에서 자신의 역할을 계속해서 수행할 수 있다는 자신감을 심어줄 수 있다. 긍정적인 생활 태도로 직결된다. 그러므로 새로움에 도전하는 것은 중년의 삶의 질을 향상하고, 사회와의 연결을 강화하며, 지속적인 성장과 발전을 도모하는 데 중요한 역할을 한다. 개인의 건강 상태를 고려하여 활동을 선택하는 편이 좋다. 50, 60대는 새로운 것에 많이 접해 뇌를 새롭게 만들어야 한다.

04
새로운 음식, 새로운 장소

New 1. 새로운 음식 먹어보자

가끔 먹어본 적 없는 음식을 먹는다. 최근 청소년들은 매운 마라탕을 먹고, 버블티를 마시며, 다이소에 가서 쇼핑하는 등의 문화가 크게 일고 있다. 노년들도 새로운 음식, 맛과 향, 재료를 선택하여 조합하는 새로운 맛의 향연을 즐긴다면 십 년은 젊은 '미각'을 가지고 살 수 있을 것이다.

젊은이들에게 화젯거리이지만 장년, 노년은 익숙하지 않은 외국 음식 가령 월남쌈, 똠양꿍, 솜땅, 팟타이, 분짜, 타코 등이 도전하기 좋다.

New 2 가보자 새로운 장소에

새로운 장소를 방문하며 다양한 문화와 경험을 쌓는 것은 매우 매력적인 일인 동시에 뇌 시냅스 교류를 왕성하게 한다. 계절별 지역 축제를 구경하고, 가보지 못한 고장을 방문하여 생소한 문화 체험을 한다면 활력이 샘솟는다.

50, 60대라면 수도권 지역의 장소를 둘러보자. 에버랜드, 캐리비안베이, 롯데월드 어드벤처, 레고랜드 등이 있고, 쇼핑센터는 신세계백화점, 롯데백화점, 여의도 더 현대, 코엑스, 스타필드, 이케아, 이마트 트레이더스, 고터몰 등이 있다. 이런 복합몰에 가면 문화센터에서 교육을 받고 여러 가지 먹거리도 있어 즐겁게 식사도 즐길 수 있다. 또 거닐기 좋은 곳으로는 정독도서관, 반포 세빛섬, 노들섬, 성수동 핫플레이스, 서울숲, 홍대

앞 클럽 거리, 동대문디자인플라자, 연남동 연트럴파크, 북촌과 서촌의 갤러리와 카페투어, 은평 한옥마을, 연희동 아틀리에와 카페거리 등도 가보자.

서울 근교에 자리한 화담숲, 아침고요수목원, 양평 두물머리 등 머리를 식힐 수 있는 아름다운 장소이다. 지방에도 가볼 곳이 많다. 부산의 광안리 해수욕장, 충장로 동명동, 전주 객리단길, 순천만 국가정원, 두류공원, 국립세종 수목원, 강릉 경포대와 교동의 카페거리, 제주도의 비자림, 에코랜드, 협재해변, 함덕 서우봉, 한라산 사라오름, 카멜리아힐, 금오름, 시오름, 사려니숲길 등 우리나라만 해도 가볼 곳이 정말 많다. 또 봄에는 산수유 축제, 매화마을 탐방, 유채꽃 나들이, 정선 봄나물, 양평 나물 오일장 등 날씨나 계절에 따른 축제도 눈여겨보자. 가봄 직한 좋은 장소를 주제별로 알려주는 앱과 사이트를 참고해 보는 것도 방법이다.

뇌 활성화 포인트

1. 새로운 음식이나 여행을 경험할 때 정보 처리, 인식, 감정 등 대뇌 피질의 다양한 부분이 활성화됨
2. 새로운 맛이나 환경을 경험할 때 우리의 보상 체계가 활성화되며, 쾌감을 느끼게 하는 대뇌 하부 피질 영역도 함께 활성화됨
3. 비슷한 맛을 통해 장소를 기억하거나 연상시킬 수 있는데,

이러한 기억과 관련된 부분은 해석과 감정적 반응을 유발하므로 주로 뇌의 대뇌 양쪽 측두엽에 위치한 각 해마 부분(hippocampus)이 활성화됨.

4. 새로운 음식을 먹거나 새로운 장소를 여행할 때 오감이 새로운 정보에 반응해 대뇌피질 부분이 활성화됨

05
도전하는 중년의 아름다운 뇌

작심삼일, 용두사미, 비슷한 말을 평생 많이도 들었다. 도전해서 성공하자. 매일, 매년, 5년 단위의 목표와 올해 할 목표를 세우고 도전하자. 경제적으로 큰 문제가 되지 않는 범위 내에서 조금 높은 수준의 목표는 더욱 좋다.

실버가 되면 힘도 빠지고 삶의 여정이 끝나간다고 생각해 체력을 유지하거나 활동을 축소하려 한다. 방어적인 생각이다. 우리 주변만 해도 마라톤을 100번이나 뛰고 있는 80대 남성, 꾸준히 예술작품을 제작하여 전시하는 6, 70대 예술가들도 있다. 실버의 정확한 의미는 은퇴한 사람, 혹은 노년기를 뜻한다. 하지만 더 나아가 은퇴한 사람으로 규정 받지 말고,

뉴 실버, 액티브 실버, 뇌 활동을 통한 창의적 실버로 변신하자.

소풍이라는 영화가 있다. 김영옥, 나문희, 박근형 배우가 출연한 영화다. 연기 경력 63년 차의 나문희와 67년 차의 김영옥, 65년 차 박근형 세 배우의 경력만 합쳐 200년이다. 대한민국 연극과 드라마, 영화계의 살아 있는 역사인 세 배우가 내공 깊은 명연기로 소풍처럼 짧지만, 값진 인간의 삶과 희로애락을 그렸다. 무엇보다도 우리가 높이 평가하는 이유는 세 배우가 아직도 왕성한 현역으로 활동 중이라는 점이다. 이제는 노년이라 쉴 만한 나이라 말하겠지만 은퇴하겠다는 말이 없다. 세 배우처럼 인간은 살아 있는 동안은 실질적 은퇴란 없다.

구순을 바라보는 김영옥 배우가 한 말을 적어본다.

"노인들도 꿈을 버리지 말고 도전해야 합니다."

노인도 중년도 계속 도전해야 한다.

06
목표 세우기

장기-중기-단기 순으로 자신이 할 수 있는 목표를 세워보자.

만약에 중년이 되어 목표가 없다고, 스스로 '끔찍하다.' 여기지 말자

다만 목표가 없는 중년의 삶은 일상생활 속에서도 무기력하고 의욕 상실을 경험한다. 자기실현의 기회를 제한하며, 활동량이 감소함에 따라 식욕이 줄어들어 스트레스가 쌓이며, 건강에도 악영향을 준다. 목표 없는 삶은 심리적, 정서적, 신체적 측면에서도 타격을 주므로, 의미 있는 삶을 살아가고 자아실현과 성취감을 얻기 위해서라도 목표를 항상 세워야 한다. 아래의 예시를 따라 세우자.

5년 후 장기적 목표 세우기(팔팔하게)

- 정기검진에서 근육량 20% 늘리기
- 고지방, 과체중 정상 수치 회복하기
- 혈압, 고지혈증, 당뇨 등 한 가지 이상 정상 수치로 원위치하기
- 천만 원 저축하기
- 여행 버킷리스트 5개 완주하기
- 운동 혹은 악기, 취미 중 노년 달인 되기
- 제2의 인생 직업 갖고 근무하고 돈 벌기
- 영어(어학) 열심히 공부하기

올해 하고 싶은 목표 세우기(참신하게)

- 건강을 위한 정기검진 꼭 하기
- 취미생활 한가지 꼭 배우고 하기
- 가족 및 지인들과 일주일에 한 번은 만나기
- 새로운 모임에 나가기(한 달에 한 번 이상), 교회 및 종교활동, 지역 모임, 동호회
- 먹고 싶은 음식, 가고 싶은 식당 버킷리스트 만들고 한 달에 한 번 먹고 가보기
- 국내외 여행 한 번은 꼭 가기
- 젊은 층의 언어 배우고 소통하기

- 실버 교육 참여하고 직장도 다니기
- 내일 하고 싶은 목표 세우기(설렘으로 오늘 저녁에)
- 감사 일기 기록하기 (한 줄이라도, 그림으로, 녹음으로)
- 생각나는 것 그냥 적기 (자신의 일상을 일기 형태로 정리)
- 기억해야 할 사물의 목록을 만들기
- 오전 햇살을 즐기기 (도파민, 세로토닌을 만들고 햇살의 음이온 받으며)
- 오늘은 이 코스 산책했으니, 내일은 저 코스로 산책 계획하기
- 내일 봉사할 곳을 알아보기
- 걷고 계단 오르고 벽 잡고 백세 운동하기

뇌 활성화 포인트

1. 목표를 설정하고 목표에 도달하기 위한 계획을 세우고 실행하는 과정에서 전전두엽이 활성화됨
2. 목표에 도달하기 위해, 필요한 정보를 처리하고 분석하는 데에 대뇌피질이 활성화됨

07

관리할수록 좋아지는 뇌

시간을 내면 손쉽게 배우거나 할 수 있는 일들이 많다. 운동과 관련해서 무조건 배우자. 뒤에 나오는 5장 백세 운동, 생존 운동 편에서 자세히 다루고 있으니 여기서는 간단히 이론만 서술한다. 자세한 운동법은 백세 운동법을 참조하자.

가벼운 운동에는 숨쉬기에 신경 쓰기, 발바닥의 감각에 집중하며 걷기, 사용하지 않던 몸과 근육 사용하기(오른손잡이는 왼손 사용 등), 몸의 상하좌우 비틀며 스트레칭하기, 부드러운 요가 하기, 평소 배우지 못한 운동 배우고 하기 등이 있다. 요즘에는 몸과 심리 치유를 연계한 운동도 각광을 받고 있는데, 알렉산더 테크닉과 춤 테라피가 대표적인 예다.

몸과 정신의 연결을 전제로 정체되고 억압된 감정을 몸의 움직임을 통해 흘려보내고 푸는 운동이다. 이는 운동 효과뿐 아니라 창의적인 표현 활동과도 연계되어 있어 정신의 이완과 뇌의 활성화 두 가지를 잡는 유익한 활동이다.

새로운 기기들 피하거나 무서워 말고 배우자. 컴퓨터나 휴대폰을 활용한 다양한 시도가 가능하다. 일러스트레이터, 포토샵과 같은 디자인 툴을 배워 사진을 보정하거나 나만의 그래픽 기반 그림을 그려볼 수 있다. 이를 '오라운드', '마플'과 같은 사이트에 가입하여 손쉽게 클릭만으로 굿즈(휴대폰케이스, 티셔츠, 에코백)화 하여 판매해 볼 수 있다. 또 프리미어 프로와 파이널 컷같이 영상을 편집하는 프로그램을 배워서 개인 브이로그, 여행 영상 일기 등을 만들어 유튜브에 올릴 수도 있다. 이는 삶의 한 조각을 매체로 기록하여 소중하게 보관하고 세상과 소통하는 긍정적인 효과를 낸다. 인디자인, 워드, 한글파일로는 에세이, 시, 일기 등을 쓰고 차곡차곡 모아 나중에 책으로 편집할 수도 있다.

AI시대가 도래한 만큼 사회의 변화를 따라가는 것도 새로운 자극이니 뇌 활성화에 도움이 된다. ChatGPT, 인스타그램, 유튜브, 블로그, 페이스북과 같은 SNS에서 자신의 활동을 글, 이미지, 영상 등으로 업로드하며 네트워킹하는 방법도 있다. 내친김에 어학 공부를 취미로 삼아보자.

외국어 학습, 예술 수업, 인문학 수업, 공예, 요리 등 다양한 주제로 교육 프로그램에 참여할 수 있다. 요즘은 원데이 클래스나 정규클래스로 유리공예, 터프팅, 타피스트리, 세라믹(도자), 유화, 펜 드로잉, 소설 쓰기, 에세이쓰기, 연기 배우기 등 다양한 주제의 수업이 많다. 또 집안과 정원에서 동식물을 기르며 자연과 교감하고 관찰할 수 있다. 최근 유행하는 비바리움, 테라리움, 이끼 인테리어 등도 공부해 보자. 인스타그램으로 관심 분야를 검색하거나, 지역별 문화재단 사이트(서울문화재단, 경기문화재단 등)와 예술교육센터, 문화센터를 검색하면 어렵지 않게 교육정보를 취할 수 있다.

흙으로 돌아갈 육신, 헌신과 봉사로 아낌없이 나누자. 지역사회나 해외에서 자원봉사 활동에 참여하여 사회에 기여하는 것도 다양한 사람과 인연을 맺고 행복을 느낄 수 있는 길이다. 새로운 책을 읽거나 스터디 그룹을 만들어 다양한 주제에 관해 토론하며 지식을 확장할 수도 있다. 교회에 출석하고 말씀을 듣고 예배하고 찬양하기 등 종교활동을 한다면 영적인 만족을 얻는 동시에 삶에 대한 본질적인 탐구를 계속하여 뇌를 자극해 건강하게 살 수 있다. 교회 내의 지역 그룹모임 참여로 소속감을 얻고 사회적, 심리적인 지지를 얻을 수 있다.

관리하자 피부

선크림을 바르고 기초화장을 하며 피부를 관리하기로 해보자. 자신에게 어울리거나 좋아하는 스타일로 단정히 옷을 입고, 몸을 청결하게 관리하는 등 스스로를 청결하게 가꾸는 것도 뇌의 건강과 연결되어 있다

"자연스럽게 나이 들어 보이는 자연 주름이 좋아."라고 말하는 사람도 있다. 자연스레 늙어 가는 순리와 이를 스스로 위로하는 일은 이상하지 않으리라 본다. 자녀나 주변에서 "아버지, 어머니 외출하실 때 차단제 바르고 나가세요."라고 자주 권한다. "평생 안 바르고 살았는데, 죽을 때 다 되어 가는데 웬 선크림. 그냥 다닐래."라고 실버는 대답하지만, 웰백을 위해 관리해야 한다.

우리가 양치질을 게을리하거나 자주 하지 않으면 어찌 되는가? 이가 썩고 아프며 냄새가 심하게 난다. 노년도 치과는 무섭다. 치과에서 드릴로 갈아내고, 씌운다. 노년도 더 건강한 치아를 원한다.

피부도 같다. 태양에서 나오는 자외선은 인간의 피부에 치명적이다. 예방하면 70, 80대에 덜 고생하고 깨끗해지며, 무심하면 주름지고, 심지어 피부병으로 고생할 수도 있다. 태양의 자외선 A는 피부 깊숙한 곳까지 침투해 주름을 늘리고 멜라닌 색소까지 증가시킨다. 자외선 B는 기미, 주근깨, 검버섯이 생기는 원인이 되며 장시간 노출되면 일광 화상을 입힌다. 심한 경우 피부암까지도 일으킬 수 있다. 야외 활동이나 운동, 일상생활을 할 때도 자외선 차단제를 꼭 챙기자. 햇빛이 강한 날이나 흐린 날이나 매일매일 꾸준히 바르는 것이 중요하고, 외출하기 30분 전에 미리 발라야 한다. 귀찮더라도 꼭 바르자. 흐린 날이더라도 구름은 자외선을 차단하지 못하므로 자외선 차단제를 꼭 바르자. 물놀이나 격렬한 운동 후에 덧발라주어야 한다. 나이가 많을수록 피부의 탄력이 떨어지기 때문에 적당한 유분감이 있는 자외선 차단제를 사용하는 것이 좋고, 자외선 차단제를 사용한 뒤에는 깨끗이 세안하자.

의학저널 '뉴잉글랜드 저널 오브 메디슨(The new england journal of medicine)'은 햇볕에 노출될수록 노화가 심하게 진행된다는 사실을 연구 결과로 밝혔다. 화물차로 생계를 꾸려온 69세 남성의 한쪽 얼굴의 노화가 더 심하게 진행되었다. 차의 유리를 통해 햇볕을 받았기 때문이다.

배우자 새로운 지식

새로운 스킬이나 지식 습득을 통해 뇌는 새로운 신경 연결을 형성한다. 예를 들어, 컴퓨터 프로그램 활용법을 배우거나 악기 연주법을 익히는 것은 뇌의 구조와 기능에 긍정적인 영향을 미칠 수 있다. 늦었다고 생각하지 말고 배우고 싶었던 것이 무엇인지 적극적으로 찾아보자. 유산소운동은 뇌 건강을 향상하고, 새로운 신경세포 생성을 촉진한다. 일주일에 3~4시간 정도 조깅, 산책, 자전거 타기 등의 유산소운동을 하면 뇌와 신체 건강을 모두 향상할 수 있다. 연구에 따르면 좀 더 짧은 시간 고강도 운동을 하는 것이 효과적이다.

퍼즐, 논리 게임, 크로스 워드 퍼즐, 미로 퍼즐, 체스와 같은 지적 활동은 뇌를 자극하고, 인지 능력을 향상한다. 새로운 언어를 배우거나, 시, 소설, 뉴스 기사 읽기와 쓰기는 언어 능력을 유지하고 확장하며, 악기 연주

나 노래 부르기, 그림 그리기, 조각, 자수, 재봉 등 미술과 공예는 오감을 자극하여 두뇌의 다양한 영역을 활성화해 창의성과 기억력을 촉진한다.

깊은 수면 중에 뇌는 학습한 것을 정리하고 기억을 강화한다. 꾸준한 수면 패턴은 뇌의 건강과 기능을 최적화하는 데 중요하다.

뇌 활성화 포인트

1. 새로운 학습 과정에서 정보를 이해하고 문제를 해결하는 전전두엽의 활성화
2. 새로운 지식을 습득하고 정보를 기억하는 해마 활성화
3. 다양한 정보 처리 및 인식 과정에서 대뇌 피질의 다양한 부분이 활성화

08
불꽃처럼 타오르는 머리 - 창의성을 계발하자

불꽃처럼 타오르는 머리 -창의적 사고 증진하기

역발상 사고, 즉 익숙한 것에 둘러싸인 자신에게 획기적이며 낯선 그 무엇을 받아들인다면, 다시 청춘을 보고 꿈을 꾸리라. 창의성을 발휘하는 순간, 흔히 '유레카 모멘트'라고 하는 섬광 같은 통찰의 순간에 뇌의 여러 영역이 동시에 활성화된다. 통찰이 생길 때 평소에 서로 신호를 잘 주고받지 않던 부위가 활발하게 신호를 주고받는다. 먼 거리에 있는 영역들이 서로 연결된다.

이를 발견한 뇌과학자들은 인간의 뇌가 창의성을 발휘하기에 적절하게 디자인된 구조는 아니라고 평가한다. 우리 뇌는 생존에 유리하게 디자인되었다. 새로운 경험을 동반한 창의성은 생존에 도움이 되지 않는다고 뇌는 판단한다. 그러나 창의성은 현대 사회에서 생존만큼 중요해졌다. 생존과 상관없이, 평소 하지 않던 연결을 시도할 때 창의성이 발휘된다고 하는 이론이 정설이 되었다. 이러한 뇌과학적 발견은 예술가들에게 이미 오래전부터 경험을 통해 증명된 타당한 명제였다.

좀 더 알기

기원전 200년경, 시칠리아섬의 도시였던 시라쿠사의 왕 히에론 2세는 금으로 새로운 왕관을 만들었는데. 항간에 왕관이 순금이 아니며, 은이 섞였다는 소문이 돌았다. 히에론왕은 당시 유명한 수학자였던 아르키메데스를 불러 사실을 밝히라고 지시했다.

아르키메데스는 고민에 빠졌다. 아르키메데스는 생각에 잠겨 물이 가득 찬 목욕통에 들어갔다. 목욕통 안의 물이 밖으로 흘러넘쳤고, 이 모습을 본 아르키메데스는 벌거벗은 채 목욕통에서 뛰쳐나오며 '유레카'라고 외쳤다고 한다.

아르키메데스는 흘러넘치는 물을 보며 '부력의 원리'를 깨달은 것인데. 부력은 기체나 액체 속에 있는 물체가 위로 뜨려고 하는 힘을 말한다. 물체는 그 물체가 밀어낸 기체나 액체의 무게만큼 부력을 받는데, 아르키메데스는 이 원리를 이용해서 왕관에 은이 섞였다는 사실을 알아냈다.

창의성은 새로운 아이디어나 해결책을 만들어내는 능력으로, 이를 발현하거나 향상하는 방법은 다양하다. 창의성을 타고나기도 하지만, 특정 환경이나 습관, 연습을 통해 발전시킬 수도 있다. 뇌과학적으로는 평소에 서로 신호를 주고받지 않던 부위들이 활발하게 신호를 주고받는 것이 창의성 발달의 키포인트이다. 그때 생존에 걸맞게 발달하여 온 우리의 뇌가 생존과 상관없이, 평소 하지 않던 연결을 시도할 때 창의성이 발달한다.

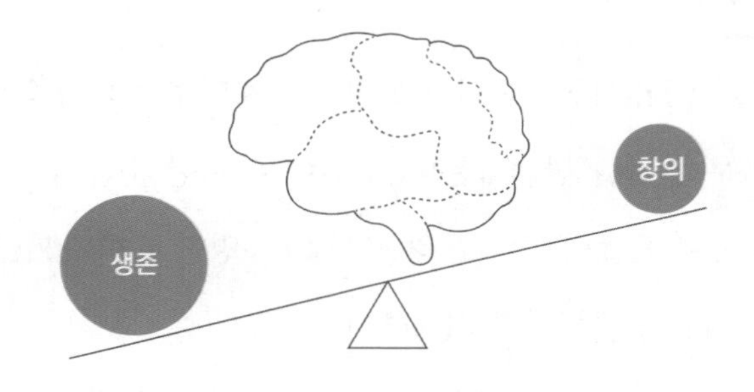

뇌의 주요한 생존 기능은 숨쉬기, 심박 조절, 온도 조절, 식사 및 수분 균형 등과 같은 기본 생리학적인 기능, 외부 위험 감지와 대응이며, 이에 신속하고 적절한 반응을 유도하여 생존을 우선한다. 인간의 뇌는 무엇보다도 생존에 맞추어 진화했으니, 창의성의 발현보다 생존에 활발히 기능을 한다.

좌측 뇌의 뇌세포들은 수상돌기가 짧아서 근접한 곳에서 정보를 끌어오는 데 유리하고, 우측 뇌의 세포들은 훨씬 멀리 가지를 뻗치고 있어 서로 무관해 보이는 동떨어진 아이디어를 연결한다. 통찰의 순간, 우측 뇌는 감마파가 크게 증가하여 활발한 반응을 보인다.

그렇다면 창의성을 발현하고 향상하는 방법에는 어떤 것이 있을까?

앞서 말한 여러 생각과 행동들 그리고 'New New New'에서 말한 바와 같이 첫째, 새로운 환경, 문화, 예술 등 다양한 경험을 통해 다른 관점과 사고방식을 통하여서 향상할 수 있고, 둘째, 다양한 분야에 관심을 갖고 지식을 습득해 그 지식을 조합하여 새로운 아이디어를 생각해 낼 수 있다. 이때 자신의 창의성이 알게 모르게 향상된다. 셋째, 자유롭게 생각하는 연습 하자. 예를 들면 브레인스토밍, 함께 토론과 같은 방법을 활용한다. 넷째, 아이디어나 생각을 정기적으로 기록하여 나중에 참조할 수 있게 한다. 다섯째, 도전을 위한 목표를 만들고, 해결책을 찾는 연습을 하고 일상 습관이나 환경을 변화시키면, 새로운 자극을 받아 뇌의 창의성이 향상된다. 여섯째, 새로운 아이디어나 관점, 작품에 대한 피드백을 다른 사람들에게 받아보면 시야도 넓히고 다양한 각도에서 사고할 수 있다.

위의 방법은 창의성을 발현하고 향상하기 위한 기본적인 접근 방식일 뿐, 개인의 성향과 환경에 따라 효과 있는 방법이 다를 수 있다. 가장 중요한 것은 자신만의 창의적인 방법을 찾아서 꾸준히 연습하는 것이다. 아래의 그림을 참고 하자.

창의성을 위한 자극 체계(GiSiN. 앞 글자를 따면 지신)

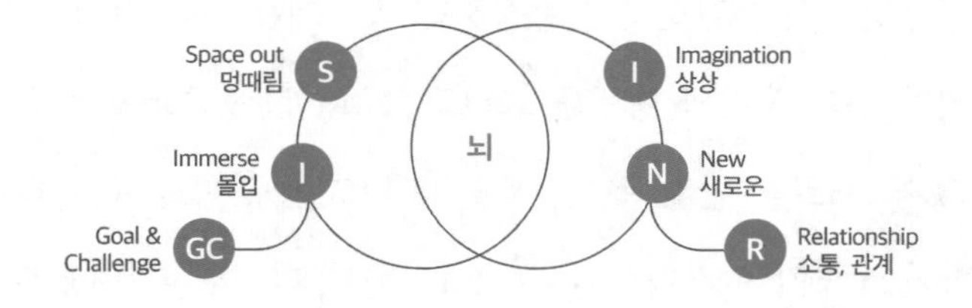

09

발산과 수렴으로 뇌를 자극하라

생각과 행동에서 발산과 수렴을 거쳐라. 발산 사고는 하나의 문제에 대해 좀 더 다양하고 입체적인 시각과 풀이로 새로운 결과물 혹은 해결법을 찾는 과정이다. 발산 사고는 사고의 확장과 창의적 결과를 도출하며 우리의 뇌를 활성화하고 훈련하는 최적의 방법론이다. 이와 대조적으로 수렴 사고는 문제에 집중해 깊이 파고들고 그 기능을 정교화해 창의적인 결과물을 도출하는 방법론이다.

예를 들어 거미 곤충을 보면서 생각해 보자. 거미를 여러 측면으로 관찰하자. 시각적으로 보면 발은 몇 개의 절지 형태이며 색상은 주로 검은색이고 머리는 작고 몸통은 둥글다. 행동을 분석하면 입에서 하얀색의 실을 내뿜고 방사 형태로 거미줄을 치고 먹이는 진동으로 감지하고 실로 감싸서 저장한 다음 배고플 때 먹는 식습관을 가지고 있다. 성능을 살피면, 거미줄은 강철보다 몇 배 강한 인장력, 탁월한 점성뿐만 아니라 탄성을 지니고 있다. 몸 안에 있는 샘에서 액체 상태의 단백질로 보관하다가 분산 시에 섬유 형태로 변형되어 발산한다.

이렇게 다양한 시각으로 관찰하고 분석하다 보면 우리의 생각이 다양

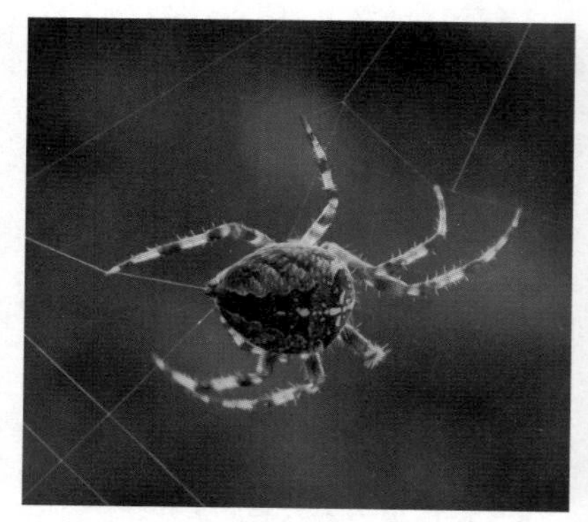

해진다. 우리 뇌는 활성화되며 실버의 머릿속은 시냅스의 증폭으로 건강의 원동력이 솟아나는 순간이 된다. 이 과정을 통하면 현실에서 새로운 결과물을 만들 수 있다.

잠자리를 통해서 수렴적 창의적 사고를 보자. 어릴 적 잠자리는 가을을 상징하는 곤충으로 어린이들이 잡고 놀았다. 날갯짓을 유심히 살펴보면, 잠자리의 비행은 참 독특하다. 4개의 날개가 각각 독립적으로 움직일 수 있어 공중에서 모든 방향으로 자유자재로 바꿀 수 있고, 날갯짓 없이

바로 활강하며 제자리에 멈추거나, 갑자기 가속, 감속도 가능하다. 심지어 뒤로도 날 수 있다.

인류는 비행기를 만들었다. 그러나 비행기는 이륙하는 데 긴 활주로가 필요하고 완만한 곡선을 그리며 날아야 한다. 추진력을 얻은 후에야 수직으로 올라갈 수 있다. 공간의 한계, 신속한 방향 전환 등 군사작전에서는 기동성 등이 필요한 상황에서 기능을 잘 수행하지 못했다. 유용한 비행 물체를 만들기 위해 잠자리의 날갯짓을 모방, 연구하고 개선했다. 이는 집중적인 수렴적 사고로 오늘날의 헬리콥터가 탄생시켰다.

자연, 건축물, 인체 등 어떤 대상이 좀 독특하거나 효율적 기능을 연구 분석하고 수렴적 사고를 한다면 새로운 개발, 제품 등을 탄생시킬 수 있다. 이와 비슷하게 창의적 사고를 할수록 우리의 뇌 가소성이 높아져, 실버 세대의 시냅스가 활성화되며, 젊은 뇌를 소유할 수 있게 된다.

10
12가지 창의법

12 창의 적용하기-여러 창의적 사고를 재미있게 간단히 적용만 해보자. 노년의 강점 중의 하나는 여유라는 시간과 마음이다. 여유로운 마음으로 다양하게 구성된 12가지 방법을 따라가다 보면 우리를 즐겁고 흥분되는 아이들과 같은 회상과 뇌 자극을 멋지게 선물 받을 것이다.

우리가 하고자 하는 일이나 문제 혹은 해결 방안에 대하여 단순한, 너무 뻔한 답보다는 좀 더 창의적으로 의미 있는 결과물을 도출하고자 할 때는 자연 등 12가지 카테고리를 적용해 나가다 보면 두 가지의 효과를 얻을 수 있다. 하나는 12 방법론 중에서 일부를 대입하여 사고하면 우리의 뇌는 새로운 작동을 시작하고 시냅스들이 자극이 받아 나의 몸은 활

성화되고 도파민이 온몸에 흐르게 된다. 그 결과물 혹은 중간 과정물로 획기적이거나 평소에 발견 못하던 것들이 나온다. 좀 더 구체적으로 살펴보자. 성능이 좋은 접착제를 신규로 개발해야 하는 상황이라면, 일반적으로는 강도 높은 점성을 가진 약품을 개선하면 좋다. 그러나 이러한 방법은 누구나 쉽게 생각할 수 있으며 경쟁자가 유사한 방법을 연구, 적용할 수 있다. 이런 결과는 차별성도 부족할뿐더러 일정 기간 내에 유사 기술이나 제품이 등장함은 뻔한 일이다.

12 방법론을 적용하면, 동물 혹은 식물 중에서 유사한 기능을 가졌거나 관련 기능으로 생존하는 생명체를 찾아내 원리를 살펴보고, 해결해야 할 문제 혹은 개발해야 할 기술, 제품에 이 방안 저 방안으로 생각하고 접목해 보자. 두 개체 간 유사 구조가 보이고 작동 원리가 매칭되어 보이는

순간이 오는데 이때, 포인트를 잡아내면 된다. 일례로 어느 기업이 벽면 타기의 명수 게코도마뱀의 발바닥 구조와 기능을 관찰, 연구하여 접착테이프를 개선하는 데 성공했다.

삼성전자 의류관리기 에어드레서 개발

개발 당시 의류관리기 시장

'L'사의 의류관리기는 새로운 가전제품을 출시한 대표적인 '혁신 제품'이었으며 기능적으로 무빙행어(진동)와 바지 칼주름 관리기, 트루 스팀 등의 기능을 통해 옷감 손상을 최소화하고 유해 세균을 제거해 의류 상태를 최상으로 유지해 주었다. 혼수품으로 히트를 쳤으며 관련 특허가 180여 개에 달했다. 수년 동안 독점적 지위를 누리면서 시장을 확대하고 있었다. 고객층이 다양해지고 특히 맞벌이 부부들과 세탁 관리를 하기 힘든 가정에서 많이 구매하였고 국내의 성공을 힘입어 수출까지 하게 되었다.

의류관리기의 소비자 선호 이유

정장을 자주 입고 다니는 가정에서는 구김과 냄새, 미세먼지를 척척 제거해 주니 매일 새 옷 같은 옷을 입을 수 있고 별도로 세탁소를 가지 않아도 되니 편리성도 선호 이유가 되었다. 특히 세균 제거 기능은 차별적 장점이었다.

'L'사의 경쟁력

최고의 경쟁력은 선도개척자이자 리딩 브랜드(마케팅 용어로 퍼스트 무버)로 소비자 마음속에 각인되어 누구도 넘볼 수 없는 위치였다. 빨래 널 때 두세 번 털어서 펴주는 것에 착안해 옷이 걸린 행어(옷걸이)를 고속으로 흔들어주는 '무빙행어'가 'L'사만의 경쟁우위가 되었다. 무빙행어는 1분에 최대 200회 옷을 흔들어 준다.

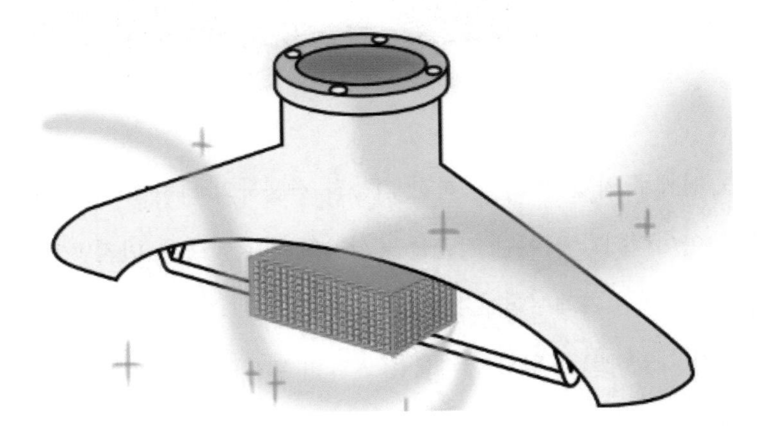

삼성전자의 준비 과정

'L'사와 함께 글로벌 TOP 지위를 확고히 유지하던 삼성전자는 의류 관리기 시장을 그냥 두고 볼 수만은 없는 상황이었다. 가전제품 라인업과 혼수 용품 토탈 구매 그리고 선의의 경쟁 관계를 고려하면 대응 제품이 절실히 필요했다. 경쟁사의 강력한 특허권과 소비자 선점이 큰 걸림돌이

었다.

첫 번째로 차별적이고 독특한 기능과 경쟁사의 특허를 피해 개발해야 했고, 아이디어가 뛰어난 기술들을 상용화해야 했으며, 마지막으로 소비자에 합리적인 가격이어야 했다.

먼저 다양하고 창의적 결과물을 만들기 위하여 다양한 전공자들로 구성원으로 만든 드림팀을 만들었다. 특정 제품을 개발할 때 관련 엔지니어, 유사 제품개발자(연구원), 좀 더 확대하면 마케팅 전문가나 디자이너들이 합류하는 게 일반적이다. 하지만 삼성전자 드림팀은 관련 연구개발자, 자연과학 이과 출신자, 향 전문가, 유체역학 관련자, 인문 사회 전공자, 마케팅 담당 등 다양성을 우선으로 삼았다. 비효율적일 수 있을 위험을 감수하며 다양한 배경의 구성원들을 포함해, 팀을 조직하였다.

한 그룹은 기존 개발 방향으로 진행하고, 다른 그룹은 기존 의류관리기 기능과는 전혀 별개의 개발 방향으로 진행하며 중간중간 두 그룹이 모여, 브레인스토밍 등을 하는 등, 협력하여 새로운 중간 결과물을 도출했다. 중간 도출물이 나올 때마다 현장에서 실험하고 적용하여, 상용화를 동시에 진행했다.

삼성전자의 창의적이고 차별적인 아이디어 도출 과정과 적용 기법들은 다음과 같다.

의류에서 세균과 먼지를 떼어내는(탈착) 아이디어 원천을 스터디했다. 일반적인 진동을 빠르게, 강하게, 강한 모터 등은 배제했다. 탈착, 떼어냄, 분리, 분해 등을 각 연구자의 전공과 경험에 따라 개념 정리했다. 탈착 개념은 하나지만 각 사람의 시각에서 다양하고 엉뚱한 의견 등이 표출되었다.

정리한 개념들을 자연, 인체, 놀이 등에 대입하여 상상하고 표현하게 했다. 어부들이 갯바위에 있는 조개류 따는 방법을 참고해 강한 충격, 날카로운 도구로 틈새를 찌르거나 흔드는 아이디어를 얻었다. 배 청소 작업자들이 배 밑에 붙어 있는 따개비류 제거하는 방법으로 강한 물 분사 혹은 강력 공기 노즐로 제거하는 아이디어를 얻었다. 자동차 외부에 코팅제를 분사하여 먼지, 이물질 붙지 못하게 하는 모습에서 코팅제 성분 분석으로 미끄러운 막을 형성하여 달라붙지 못하게 하고 간극에 별도 공간이나 분리제 등 삽입하는 아이디어를 생각했다. 벨크로(찍찍이)의 상반

된 구조, 흡착기의 오목한 면을 역발상해 벨크로와 반대로 동일 구조 제작, 흡착기를 볼록하게 해 자동 분리를 하도록 유도하는 아이디어도 나왔다. 면 분리 기능 연구에 모래, 물, 공기로 인해 금속 원판에서 구멍이 나고 분리되는 공정에서 얻은 힌트를 더해, 무게와 관계없이 초고속 분사로 세균, 먼지, 이물질 분리를 하는 아이디어를 얻었다.

도출된 아이디어를 이미지 혹은 형상화하는 창의 단계를 거쳤다. 아이디어 발현 이외 발견된 문제들을 취합하고 해결하는 연구도 함께 진행했다. 여러 겹을 겹쳐 흔들 때 먼지, 세균이 겉면보다 옷 안쪽 면에 탈착이 상대적으로 약했다. 옷의 양면이 동일하게 탈착되는 방법을 연구하는 등 옷걸이의 활용과 변신에 대한 창의적 접근을 시도했다. 이에 따라 안에서 강한 압력이나 힘이 작용하는 입체적 옷걸이를 구상하게 되었다.

삼성은 다음과 같은 결과물을 만들었다. 탈착 제거 효과가 높은 강력한 공기를 분사해 차별성을 가졌다. 효과가 좋아 소비자가 만족했다. 소음을 낮추기 위해 분사 노즐 구조 및 유체 흐름 분석으로 소음을 줄여 불만을 최소화했다. 또한 바람이 안팎으로 통과하는 옷걸이 개발해 안쪽 면에 붙어 있던 세균, 이물질 등이 겉면과 같이 분리되는 독특함을 지니게 되었다. 세상에 없던 바람구멍 옷걸이 개발에 성공해 특허등록을 하게 되었다. 실제 의류 모든 면에 바람을 직분사해 강력히 접촉하므로 관리기 본질에 충실함도 잊지 않았다. 브랜드는 제품의 특성을 알리고 쉽게 인지

되도록 일관성 확보하며, "바람이 옷을 청결하게 반듯하게 펴 준다."라는 개념을 활용해 에어드레서 브랜드가 탄생하게 되었다.

아이디어 형상화 단계

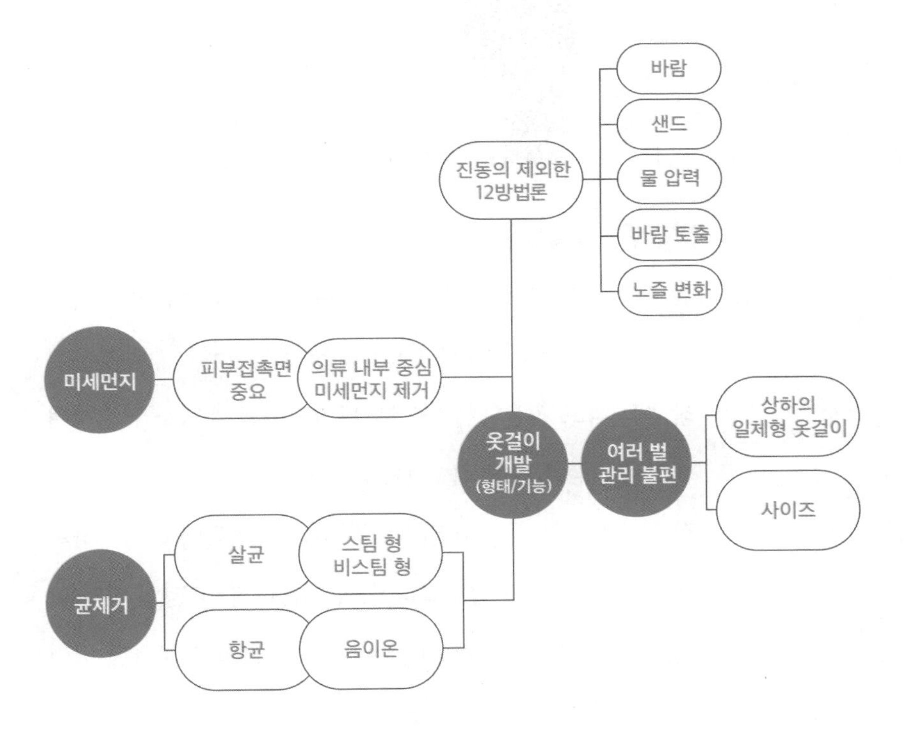

최종 개발 전단계

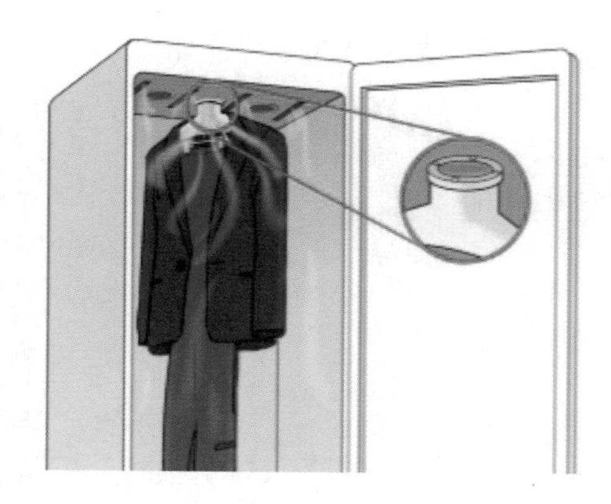

뇌 활성화 포인트

1. 창의적 사고 과정에서는 새로운 아이디어를 생성하고 평가하는 과정에서 전전두엽과 대뇌피질 활성화됨
2. 창의적 사고 과정에서 다양한 아이디어와 개념을 연결하여 새로운 관점을 형성하는 연합 피질이 활성화됨
3. 창의적 사고는 종종 이러한 무의식적인 과정에서 발생하며 (명상 등), 내측 전전두엽피질, 후대상피질, 두정엽 피질 활성화됨. 평소 인지 상태에서는 서로 연결되지 못하던 뇌의 각 부위를 무의식 속에서 연결한다.

11
뇌를 건강하게 하는 음식과 영양소

뇌 건강을 돕는 음식과 영양소를 살펴보기 전에, 우리 뇌의 신경 전달 물질과 작용을 이해할 필요가 있다. 도파민, 세로토닌 호르몬은 잠자거나 활성화되지 않는 뇌세포들을 깨우고 천재성이라 불리는 창의성을 확장하는 행복 호르몬이다. 나이가 들면 "나는 기억력이 나빠졌어, 머리가 둔해지고…." 등 IQ라 말하는 지능은 우리 지능 전체의 5% 정도이고 95%의 나머지 지능은 다중지능이라고 한다. 여러 부분이 함께 지능에 영향을 끼친다는 뜻이다. 도파민, 세로토닌이 부족한 사람은 마음과 건강, 지능 그리고 관계에서 문제를 일으킬 가능성이 매우 높다. 그렇기 때문에 충분히 수면을 취하고, 이를 보호하는 음식과 영양소를 섭취하여 뇌 건강을 유지할 필요가 있다.

뇌 건강을 챙기는 음식과 영양소는 어떤 것들이 있는지 체크해 보자.

뇌 건강을 돕는 대표적 영양소

- 녹황색 채소의 베타카로틴 (당근, 호박, 고구마) : 집중력을 높여줌
- 어류의 오메가3(고등어, 연어) : 뇌세포 막의 구성 요소로 사용되며, 인지 기능을 향상하고 염증을 감소시킴
- 견과류의 비타민 E(아몬드, 호두, 땅콩) : 신경세포를 보호, (식물성 단백질에도 포함)
- 다크 초컬릿의 폴리페놀 : 뇌혈관 확장 (올리브오일, 녹차, 블루베리에도 있다)
- 콩과 두부의 티로신 레시틴 : 뇌 용량 확장, 뇌경색 뇌출혈 예방
- 커피의 카페인 : 기억력 강화

12

뇌를 건강하게 하는 플랫폼
– 종교 활동

교회 활동하기

교회와 같은 종교시설에서 가족이나 지인들과 함께 말씀 듣고 예배에 참석해 보자. 누구나 갈 수 있는 열린 공간이기에 어떤 문턱 없이 사회적인 활동이 가능한 곳이 바로 종교 공간(시설)이다. 또한 여러 신앙인과 교제하는 것은 비교적 안전한 관계를 확보할 수 있는 사회적 활동에 해당한다. 무엇보다 절대자인 하나님을 느껴보고 전적인 의존을 통해 내 존재를 돌아보는 등, 영적인 활동은 우리 뇌의 써보지 않은 영역을 활성화하고 정서적으로 안정감을 느끼게 한다. 종교활동의 다양한 경험과 활동들은 50, 60대의 치매 그리고 뇌와 관련된 질병 예방에도 큰 도움이 되는 것으로 나타난다. 종교활동은 행복을 도모하게 하고 진심 어린 소통을 돕는다.

영적 성장의 보고

우리 인간은 다른 피조물과 다르게 영적인 존재로 태어났다. 많은 사람이 교회를 방문하여 성령과 말씀으로 하나님과 소통한다. 성도들 간에도 영적인 교제를 통하여 자신의 신앙을 깊이 있게 탐구하고 성장시킬 수 있다. 예배, 기도, 말씀 공부 등을 통해 개인의 영성도 깊고 넓어지며 삶도 풍요롭게 할 수 있다. 목회자의 설교는 성경 말씀을 근거로 하여 세상에서 알지 못하던 진리가 있으며 인간의 정신세계와 영성에 깊이 있는 깨달음을 준다. 특히 목사님의 말씀 준비는 기도와 하나님과의 소통과 관계 그리고 깊은 묵상에 전적 순종으로 매일 새벽마다 무릎 꿇고 자신을 낮춘 상태에서 시작한다. 영적인 기본 노력을 토대로 설교를 작성해 모인 청중들에게 선포한다. 말씀은 듣는 귀를 가진 자들에게 마음의 큰 울림을 주고 영적으로 풍성한 변화를 일으켜, 함께 성장하고 열매 맺는 생명의 샘과 같다

이 순간 머릿속 뇌세포 간의 교류가 증가하고 자신이 몰랐던 혹은 느끼지 못한 사유들이 활성화되며 뇌는 건강해진다. 말씀이 내면에 축적되면 인간 존재가 스스로 성숙해지는 결과도 가져온다. 담임목사님의 말씀은 각 사람이 삶에서 지친 영을 회복시키고 회복을 넘어 영적 성장을 체

험하게 하는 보물창고이다.

말씀을 통한 영적 성장은 내적으로 안정된 상태를 유지하도록 도와 평안을 얻게 하며 자기 삶이 의미 있고 가치 있게 살아가게 한다. 더불어 영적으로 성숙한 성도는 다른 사람에 대한 이해와 긍휼을 더 갖추고 자신을 낮추고 남을 섬기는 겸손한 자세를 형성한다.

공동체와 소속감

교회는 공동체의 중요성을 강조하므로 믿음의 깊이와 활동에 따라 직분이 주어진다. 세상의 경제적 부와 사회적 지위, 영향력 등과는 전혀 무관한 성도 간의 수평적 관계를 전제하며, 하나님의 주권적 선택으로 세워진 공동체 질서를 수호한다. 상호 간의 사랑으로 공동체와 소속감이 세상의 어느 집단의 그 무엇보다 비교할 수 없을 만큼 깊고 크다.

성도들은 서로를 위해 기도하고, 지지하는 사랑을 경험할 수 있다. 말씀을 근간으로 상호 간 원활한 소통을 하게 돕는 공간이 교회이다. 성도 수가 적은 교회는 그 구성원에게 부합하는 여러 장점이 있는데 예를 들면, 예배 전 교회 입구에서 서로 인사 주고받고, 안부 묻고, 공간에 들어가면 서로 눈 맞춤으로 교감한다. 예배 중에도 친한 성도의 삶과 영적 변화를 간간이 간증으로 준비하니 공동체의 결속력은 더욱 향상된다. 예배 마치고는 함께 교회 식당에 모여 봉사하고 또 식사 및 담소를 나누니 정이 가득한 사랑공동체로 무르익는 공간이다.

대형 교회는 많은 출석자로 일일이 인사 교류는 어렵지만, 대신 교회 내 자원을 활용한 다양한 프로그램과 지역을 기반으로 한 소규모 모임이 장점이다. 예를 들면 처음 온 성도를 새신자 모임으로 인도해 새신자끼리 그룹을 만든다. 새신자 모임은 거부감을 낮추고 공동체 소속감을 제공한다. 새신자를 섬기는 기존 성도들은 먼저 기도로 모든 상황을 준비한 다음, 새신자를 안내하며 개별 멘토를 한다. 이러한 분위기는 새신자들이 섬기는 성도들과 자연스레 어울리며 위화감을 낮추게 된다. 성경 말씀을 궁금해하거나 잘 모르는 성도들의 위하여서는 성경 공부(구약, 신약, 큐티) 모임 반과 조금 더 영적 성장에 관심 있는 성도들에게는 그들에 맞는 학습 과정이 있다. 다양한 프로그램들이 많은데 소그룹으로 모여 한 분의 목회자의 가르침을 몇 개월 따르다 보면 공동체 소속감이 저절로 커지고 즐겁고 사랑 넘치는 교회 생활을 할 수 있다. 교회를 다니다 보면 한 사람 한 사람 케어받고 존중받는 자신을 발견하게 된다. 요즘 시대가 어수선한데 이 정도로 평화로운 공동체를 찾기 어렵다. 50, 60, 70대의 삶과 남은 삶에서 더 깊은 의미를 깨닫고 행복해질 수 있다.

직장, 나이, 지역에 따라 거주하는 성도들끼리 3~6명 정도 소그룹을 만든다. 모임에서 담임목사님의 말씀과 설교 그리고 전하는 내용을 서로 나눈다. 예를 들어 우리 교회의 소그룹 다락방 모임에서는 영적으로 성숙한 순장(소그룹 리더, 교회에서 체계적인 훈련을 마친 성도들을 말함)이 모임을 진행하는데, 각 멤버가 담임목사님의 말씀을 토대로 개인적인 염려와 걱정 그리고 하나님께 받은 응답과 기쁜 소식 나누고 서로 위로하고 격려하여 형제자매처럼 지낸다. 모임이 활성화 되어있어 서로 끈끈한 유대감과 행복을 누리게 된다

교회의 공동체를 통하여 사회적 지위와 위치는 전혀 무관하게 소통하고 나누며 의미를 만들어 나간다. 중년과 노년들을 진심으로 환영하고 반기는 대표적인 공동체인 동시에 필요한 곳이다.

묵상, 명상 시간은 뇌의 활성화 시간

명상은 정신을 집중시키고 내면의 상태가 어떤지 들여다볼 수 있게 돕는다. 자기를 그대로 인정하게 하여 부정적 감정을 해소하도록 한다. 정신과 신체는 연결되어 있기에 명상을 통한 자기돌봄은 곧 신체와 정신 모두를 돌보는 것과 같다. (3장의 명상 편 참조하자) 예배 전 묵상은 영적인 삶에 대한 태도 즉 하나님과의 관계를 더욱 깊게 하여 믿음을 견고히 하도록 돕는다. 말씀이나 성경을 읽고 되새길 때 우리에게 주시는 의미를 깨닫게 한다. 자기 행동과 태도를 돌아보고 회개하도록 도우며, 예배 전 마음을 집중하고 정신을 평온하게 만드는 방법이다. 나아가 하나님의 사랑과 관심을 느끼며 깊은 관계를 맺도록 돕는다. 묵상 시간을 통해 영적인 지혜를 얻으며 통찰력이 확장되며, 우리의 뇌를 활성화하고 온전히 하나님과 목사님 말씀에 초 집중되는 영성의 단계를 밟게 된다.

자원봉사 기회

나누고 베푸는 마음으로 주변을 찾아 봉사하려 하는 중년들이 늘고 있다. 그런데 자원봉사를 주관하는 단체들에서 가끔 중년 이상을 참여시키지 않은 경우도 있다고 한다. 여러 환경과 자원봉사 할 대상을 우선 생각하여 결정한 일이지만 이젠 봉사하기도 어렵다. 그러나 눈을 돌려 교회를 들여다보면 중년들의 봉사 기회가 넘치고 오히려 지원을 간절히 기다리고 있다.

많은 교회가 지역 사회와 전세계적인 봉사 활동에 참여하는 기회를 제공한다. 이러한 활동을 통해 타인을 돕는 기쁨과 만족감을 느낄 수 있다. 우리 교회의 이웃사랑 팀은 지역의 소년소녀가장을 지속해서 후원하고 멘토링 한다. 독거 어르신을 위한 반찬 만들어 갖다주기 등은 늘 일상적으로 자주 행하는 섬김과 봉사도 많다.

각종 재난 시에 교인들이 참가하여 자원봉사를 한다.

태안 기름유출 때는 전국 교회들부터 시작하여 장기간 기름 제거 봉사했다. 우크라이나 전쟁 시에 후원 물품 제공했을 뿐 아니라 튀르키예, 모로코 지진 사태, 네팔사태 등 크고 작은 재난 발생 시에 모금 및 직접 봉사하기도 한다. 활발히 봉사하는데 이는 누가 권해서가 아니다. 명령에 의해서도 아닌 영적 성장을 경험하거나 공동체를 사랑하는 마음이 조금이라도 생긴 사람이 자발적으로 참여하는 아름다운 모임이다.

우리 교회에는 미용 기술을 보유한 헤어 디자이너로 이루어진 에스더

미용 봉사팀이 있다. 지역 어르신, 독거노인, 단체시설에 거하는 이들, 병원 장기 입원 환자들, 소외는 계층과 아이들을 직접 찾아가서 각자의 시간과 돈을 내어서 손수 자원하여 섬기는 모임이다. 의료인들 모임인 의료선교회, 장애인들을 케어하고 돌보고 이동하는 데 직접 도움을 주는 장애인을 위한 사랑부, 북한에서 내려와 정착하는 데 어려움을 호소하는 탈북민을 위한 북한사랑선교회 등 수많은 봉사 모임이 있다. 교회에서 누구든지 어려운 이웃과 지역을 위해 조그마한 섬김을 실천할 수 있다.

교회 자체를 위한 봉사도 여러 종류가 많다. 주일 등 교회 주변이 붐빌 때 교통 안내 봉사를 하기도 하며, 성도들의 예배를 돕도록, 합창단에 가입하여 찬송으로 예배를 섬기고 봉사를 하기도 한다. 장애인이 많은 교회에서는 교회로 오가는 차량 봉사, 몸이 불편한 분들의 교회 출입을 돕는 휠체어 케어 봉사, 주일학교 학생들을 가르치고 케어하며 교회 생활 및 학업을 가르치고 장래에 대해 고민을 함께하는 주일학교 교사로도 헌신할 수 있다. 교회 조직 내에서 봉사에 마음만 있으면 누구나 가능하다.

하나님께 값없이 받은 은혜를 성도들끼리 대가 없이 펼치는 무한대의 사랑과 섬김이 교회 현장에 있다. 교회의 자원봉사는 소외된 사람들과 어려움에 처한 단체, 지역, 국가들에 대하여 연민을 품을 뿐만 아니라 이를 통해 인류와 소통하는 중요한 계기를 제공해 준다. 교회는 중년과 노년이 봉사에 참여하길, 오늘도 기다리고 있다. 봉사하고자 마음만 있다면 교회로 오면 할 수 있다.

도덕적 가치와 정서적 지지

중년이 되고 노년이 되면서, 세상의 도덕적 규범이나 보편적 도덕성에 대해 누구나 한 번쯤은 생각하고 스스로 규칙을 만들어보려 노력해 봤을 것이다. 인간이 동물과 다른 이유는 영적인 존재 외에도, 생존을 넘어 욕구와 욕망을 성취하고 싶어 하는 유일한 피조물이라는 것이다. 이러한 이유로 소유하고 싶고 더 많은 존경을 갈구하는 등의 개인주의적인, 심지어 이기주의적인 성향도 있다.

종교는 이러한 개인적인 규범이나 욕망 등을 넘어서 절대적인 도덕적 가치를 제공한다. 교회는 신앙과 도덕의 결합을 통해 도덕적 가치를 정립하며, 사회적 가치와 윤리를 실천할 수 있도록 지도하는 대표적인 기관이다.

"당신은 법 없이도 살 수 있는 사람이잖아."

착한 사람을 일컬어 자주 하는 말이다. 도덕적이란 개인적 사유 그리고 소수의 생각도 의미 있다. 하지만 대다수가 공감하고 인류의 다양한 문화 속에 존재해 왔던 객관적이고 보편적인 도덕규범 즉 절대적인 도덕 가치가 존재한다. 바꾸어 말하면 진리와 유사한 불변의 무엇이 인류를 규정하고 있다.

성경을 보면 이웃을 사랑하고 구제하라, 부모를 존경하라, 자녀들을 진리로 양육하라 죄를 범하지 말라, 현재 너의 생활에 자족하라 등 인간 삶의 도덕적 규범을 구체적으로 권면하고 있다. 교회는 수천 년간 도덕적 가치와 원칙에 대한 지침을 제공하며 이를 통해 개인이 삶에서 올바른 결정을 내리고 사회와 함께 도덕적으로 살아가도록 실질적인 도움을 준다. 이와 함께 인간은 자신의 감정을 이해하고 조절할 뿐 아니라 행복한 삶을 살도록 감사해하고 긍정적 사고와 활동을 유도한다. 이는 자신의 정서적 안녕에 중요하다.

더불어 가족, 친구, 공동체와의 연결은 사랑과 지지를 받고 줌으로써 삶의 만족도를 높일 수 있는데 교회는 인간의 정서적 안정과 사회관계의 입체적 플랫폼으로 존재한다. 특히 고난을 겪는 사람에게 교회는 정서적 지지와 위로를 준다. 기쁜 일은 공동체의 축하로 배가 되어 더욱 행복하고 여유 있는 삶을 살도록 돕는다.

배우자, 부모, 형제자매 중에서 죽음에 이르는 경우 다 함께 모여 예배하고 위로한다. 서로 돕고 유가족을 위로할 뿐 아니라 슬픔을 넘어 우리의 영혼이 살아나고 천국에 소망을 두도록 하며, 고인이 죽어 사라지는 것이 아니라 천국에 가기 때문에 환송을 보낸다고 하며, 축복하고 예배한다. 교회는 고인과 다시 천국에서 만나 볼 수 있다는 믿음과 소망으로 유가족의 아픔을 위로하고 슬픔, 상실, 고민 등의 어려움을 극복하는 데 도움을 준다. 교회가 주관하는 장례식에 한 번이라도 가본 사람은 이미 알고 있겠지만, 모든 절차에 교회가 공식으로 섬기고 진행한다. 또 장례식장에서 마지막 떠나는 발인식에는 성도들이 함께 일렬로 서서 천국 환송 찬양을 할 때는 진한 감동이 벅차오른다. 교회 공동체는 성도들이 타인의 고통에 자기

일처럼 합심하여, 정서적 안정을 주는 아름다운 영적 가족이다.

기쁨도 함께한다. 우리 교회에서 결혼식을 할 경우 교회 내 언약 채플에서 진행되는데 목사님께서 주례를 보며 말씀을 전하고, 찬양대나 교회 식구들이 축가를 해준다. 의례적인 결혼 세레머니가 아니다. 기도와 말씀 그리고 찬송이 어우러져 참석한 모든 사람이 기쁨으로 하나 되고 신랑, 신부 그리고 모든 하객은 감사하니 이곳을 천국이라 해도 좋을 듯하다.

문화와 예술 체험

많은 교회에서 음악, 미술, 드라마 등 다양한 예술 활동을 통해 예배를 드린다. 이를 통해 참석자들은 문화적이고 예술적인 경험을 쌓을 수 있다. 나이가 들수록 "내 나이에 무슨 예술이냐."라고 말한다. 하지만 문화와 예술은 인간 누구에게나 제공되어야 할 기본권이자 행복추구권이다. 교회 공간을 지역 예술가들의 활동공간으로 내어 주기도 한다. 교회는 교인들만의 공간이 아니며 지역 주민들도 누구나 와서 즐기고 감상하는 공공재로 예술의 공간이다. 교회는 성도들과 지역주민에게 공간을 할애하고 예배가 없는 시간에 예술공간으로 바뀌니, 모든 사람이 편하게 문화예술 작품과 공연을 접할 수 있다. 예배당 본관을 활용하거나, 복도, 로비에서 공연, 경연, 예술작품을 전시하여 문화예술 접함이 부족하던 장년, 노인에 기회를 제공할 수 있다.

미래 삶의 목적과 방향성

교회는 종종 개인에게 삶의 목적과 방향을 찾는 데 도움을 준다. 신앙적 원칙과 가르침을 통해 많은 사람이 자기 삶에 대한 깊은 의미와 목적을 발견할 수 있다. 그럭저럭 중년. 노년 삶을 건강히 사는 것도 중요하지만 어떻게, 어떤 방향으로 살아가느냐는 우리 인생을 더욱 풍요롭게 향유할 수 있도록 한다.

인간의 항로 나침판이자 본질인 성경은 세계에서 가장 많이 팔린 베스트셀러다. 성경은 하나님의 말씀이 진리이고 말씀을 통해 인류 삶의 목적과 어떻게 삶을 영위해야 하는가의 방향성도 명백히 제시한다. 많은 교회는 부부, 부모, 아이들을 위한 프로그램과 세미나를 제공하여 가족 간의 관계를 긍정적으로 강화하는 데 도움을 준다. 우리 교회는 자녀를 이해하도록 돕는 가정원리 '부모 러브 스쿨,' 부부 소통을 위한 '사랑의 부부 순례 프로그램' 돈의 바른 사용에 대해 교육하는 '성경적 재정 학교' 등 다양한 프로그램을 제공해 가정과 삶의 의미를 일깨워 준다.

생명에 대한 깊은 사유

교회 생활은 생명, 죽음, 영원에 대한 깊은 사유와 고찰의 시간을 마련해준다. 이러한 주제들은 인간의 존재와 삶의 깊은 의미에 관한 중요한 질문을 던지게 한다. 기독교는 한 영혼에 대한 구원의 역사를 전제로 한다. 예수님을 통한 구원은 기독교 진리 중 진리이며 이를 초석으로 잃어버린 한 마리 양을 찾아 그 생명에 대한 존귀함을 공유한다. 교회는 생명의 방주이다.

예를 들면 갓난아이들이 교회에서 새로운 생명을 받는 유아 세례식을 진행한다. 부모의 신앙고백에 따라 유아세례를 베풀어 교회의 규칙에 따라 양육 받기를 기념하기 위함이다. 유아를 교회의 공적인 보호 아래 두며 새로운 생명을 축복한다. 아이에게 가장 큰 축복이며 성인이 될 때 공동체 일원으로 인정하는 축복이기도 하다.

성인들을 위한 잔치도 있다. 우리 교회는 새 생명 페스티벌이란 행사가 가을 녘에 있는데 기존 성도들이 받은 기쁨과 누리고 산 축복의 은혜를 남에게도 동일한 축복과 기쁨을 나누는, 즉 생명을 나누는 축제를 한다. 평상시에 마음에 두고 있었거나, 어려운 처지의 믿지 않는 이웃, 인생의 길을 헤매고 있는 가족, 이웃들을 초청해 교회에서 성도들의 경험담(간증이라고 함)을 듣게 하는 행사이다. 이 기간 수백, 수천 명의 믿지 않는 이들이 예수님을 영접하는 놀라운 일이 벌어진다. 태어날 때 받은 생명과 더불어 예수님을 받아들일 때 새롭게 얻는 영적 생명을 평생 얻게 되며 모두 함께 새 생명 탄생을 축하한다.

이처럼 교회 생활은 개인의 삶에 다양하고 긍정적 영향을 미칠 수 있다. 그러나, 모든 교회나 종교 공동체가 같은 경험을 제공하는 것은 아니므로, 여러 정보를 알아보고 자신의 필요와 가치에 맞는 공동체를 찾는 것이 중요하다. 교회는 중년과 노년의 삶에 대하여 보다 성숙한 태도를 갖도록 도우며, 높은 도덕성을 가지고, 의미와 항존적 가치를 추구하며, 소통에의 중요한 역할을 하는, 생명공동체이다.

중년의 지적 성장과 가족으로부터의 권위가 세워짐

나이와 관계없이 지적 호기심을 유지하고 학습과 성장에 열려 있는 태도를 유지하는 것은 창조주께서 사람을 만들 때 주신 인간 품성 중 하나일 것이다. 교회는 중년 이후의 지적성장에 관한 프로그램을 여럿 제공한다. 아카데미 정규과정이나 준 학위과정 등이 있는데, 교회 공동체가 제공하는 독특하고 귀한 영적 자본과 실버들의 삶 지혜로 쌓아온 자본을 후세에 전수한다. 전수를 통해 교회는 현시대에 선한 영향력을 전달하며 마중물 역할을 담당한다. 우리 교회는 영적 성장에 초점을 맞춘 '예배 아카데미,' 낮은 자세로 사회를 섬기는 '제자 아카데미,' 직장에서 일하면서 주변에 빛과 소금이 되고 불을 밝히는 '일터 아카데미,' 민족의 염원인 복음적 통일을 준비하고 차세대 리더를 양성하는 '통일 아카데미'가 있다. 교회는 각 아카데미를 통해 지적성장을 할 수 있도록 운영 지원하고 있다.

중장년부터 어르신들이 존경받고 대우 받던 문화가 점점 사라진다. 가장이 성장한 자녀, 손자 그리고 가까운 배우자에게 힘과 나이로 존경받는 시대는 아니다. 하지만 교회는 우리 사회의 가족 문화에 새로운 질서를 제공하기도 한다. 온 가족을 위한 토요일 새벽예배는 삼대가 함께 모여서 예배를 드리는데, 찬양, 기도와 인사 나눔 등 한 시간을 함께 보내면 손자가 "우리 할아버지 최고, 우리 부모님 존경스럽고 멋지다."라는 말을 한다. 가족애가 깊어진다. 믿음 속에서 행복한 명문 가정이 탄생한다. 예배 후 함께하는 아침 혹 점심을 먹으며 가족의 중요성을 고취한다. 이 가운데 실버의 권위가 굳건해진다.

교회 및 모든 종교활동은 그 공동체의 리더의 비전과 영성, 목회 활동, 교리 충실, 건전성, 정체성, 교인들에 대한 목자의 심정 등이 진실되며 견고한지 등을 주변 탐문들을 통해 알아보고 또 그 종교 공동체 사람들이 정상적인 종교활동인지 그릇된 집단인지 파악한 다음 활동하기를 권면한다.

- 영적 성장의 보고(寶物倉庫)
- 공동체와 소속감
- 묵상, 명상 시간은 뇌의 활성화 시간
- 자원봉사 기회
- 도덕적 가치와 정서적 지지
- 예술 체험 기회
- 미래 삶의 목적과 방향성
- 생명에 대한 깊은 사유
- 중년의 지적 성장과 가족으로부터의 권위가 세워짐

교회를 가면 지금 살펴 본 내용 외에 더 많은 좋은 점, 혜택, 은혜가 있으며 중년들의 뇌를 건강하게 만드는 통로이다. 전두엽부터 후두엽, 측두엽, 해마 등 모든 뇌 영역들이 연결되고 이성, 감성적 오감까지 활성화되니 교회에 거하는 많은 중년이 둔해지지 아니하며 오히려 명철해진다. 교회가 인간의 본향(本鄕)임을 확증하는 영적 공간이다.

2장

오감이 활발하면
청춘이다

최고 전문가들의 지성과 오감
창의성 콜라보레이션 CJ그룹

CJ 대한민국 연구소 사관학교, 마케팅 원조그룹의 신사업도출 프로젝트

CJ 그룹은 매년 CJ제일제당, CJ대한통운, CJ E&M, 오 쇼핑, CGV 등 각 사가 모여 필동 CJ 인재개발원에서 신규 사업을 발굴하기 위한 프로젝트를 진행한다. 특히 각 사 임원을 후원자로 임원 승진 후보가 4~6명씩 팀으로 모여 향후 비즈니스를 제시한다. 계열사 모두 우리나라 산업의 선도기업일 뿐 아니라 신사업, 신제품 개발에 타의 추종을 불허하는 실력 가지고 있으며, 조직력이 강할 뿐 아니라 조직원의 개별 역량도 최고 수준임이 분명했다. 내재적 지식역량이 광범위하게 축적된 그룹이므로 실제로 외부 전문가로부터 배울 필요 없을 정도이다.

그런 수준에도 불구하고 각 팀을 위하여 우리 팀과 계약을 맺고 교육 겸 프로젝트 코칭을 부탁했다. 우리에게 퍼실리테이터 역할을 맡기고 조직원들이 잘 따라오는 것을 보니, 외부인과 함께 새로운 변화와 지식의 융합과 공유로 소기의 목적을 달성하는 열린 문화의 조직이고 글로벌조직임이 확실하였다.

진행

최고 수준의 팀원들을 위하여 인재 개발팀이 세심히 준비한 창의 퀴즈, 명상 등을 매일 실시하고 우리는 그들의 머리를 부드럽고 소프트하게 만들어야 했다. 왜냐하면 프로젝트 결과물에 대한 열정이 과하면 뻔한 답을 도출할 가능성이 높아지기 때문이다. 오감을 살리고, 실습하면서 고정되고 문제해결에 대한 압박감에서 오는 딱딱함을 풀 수 있었다. 그중 하나는 애니메이션 영화 '하울의 움직이는 성'에서 나오는 배경음악을 들려주고 색깔로 표현하게 한 것이다. 어떤 팀은 그림으로 어떤 팀은 소품을 활용하여 입체물을 만들고, 다른 팀은 몸으로 표현하게 하는 등 오감을 살리는 과정을 진행했다.

매주 집합하여 각 팀 주제를 선정하고 데스크리서치, 현장 직접조사, 잠재고객과 관련 업체 미팅을 하는 등 실전처럼 진행하면서 완성도를 높여나갔다. 과정 중에 해외 프로젝트팀은 미국에 직접 출장을 가기도 하고, 어떤 팀은 배달의민족 김봉진 대표를 만나는 등 워크숍을 진행했다. CJ 인재개발원의 프로젝트 진행은 실용적이면서 새로운 시각을 갖추고 사고를 확장하는 데 초점을 맞추어 기간이 마칠 때 참여한 조직원들은 임원으로의 역량과 사업 감각을 갖추도록 설정된 과정이었다.

결과

프레젠테이션을 준비하는 사전 리허설도 실전처럼 준비하고 과정도

스토리식을 준비하였다. 당일 그룹 회장님과 각 사 대표이사 그리고 후원자 임원들이 참석한 가운데 발표를 진행했다. 평가는 기대 이상이었고 격려와 칭찬이 이어졌다. 대부분 프로젝트를 각 사에서 추진하기로 승인했다. 모든 팀원은 도출한 비즈니스를 바로 실행에 옮기었다. 각 발표자와 후원자의 소감과 진행 과정에서의 에피소드를 발표한 후에 우리에게 소감 한마디를 하라는데 소감 대신 CJ 그룹을 위하여 기도하자고 제안했다. 별 거부감이 없어서 축복의 기도로 마무리했다. 지면을 통해 당황스러운 외부인의 돌발행동을 너그러이 이해해 주신 회장님과 각 사 대표님께 고마움을 진심으로 전한다. 이런 오픈된 조직문화가 세계 일류인 비비고, 엔터테인먼트 등 탄생시키는 원동력이라 믿는다.

아인슈타인의 어록 중에서 "동일한 방법을 반복하면서 다른 결과가 나오기를 기대하는 사람은 정신병자다."란 말이 있다. 새로움을 기대한다면 뇌의 자극 혹은 오감을 건드려야 한다.

01

오감이 잘 작동할수록 의미가 풍성해진다

태어나서 지금까지, 우리는 알게 모르게 신체의 모든 감각을 활용하며 살고 있다. 하지만 중장년이 되면서부터 감각이 무디어진다. 신체 기능이 저하된다고 하더라도 수십 년을 사용해 온 감각은 더 예민해져야 하는데 말이다. 우리는 다양한 감각을 통해, 우리 삶을 더 다양하고 풍부하게 만든다. 각각의 감각은 고유한 경험을 제공하고, 이를 통해 사람 혹 모든 사물에 대하여 더 다양한 관점에서 바라볼 수 있다.

경험상, 우리의 감각이 어떻게 작동하고 희로애락을 주는지 안다. 오감각을 통한 경험은 우리에게 즐거움과 만족감을 주는데, 맛있는 음식을 먹는 것, 아름다운 풍경을 감상하는 것 등, 이러한 경험을 통해 긍정적인 감정을 유발한다. 오감을 통할수록 일상생활에서 즐거움이 커진다.

감각은 우리의 학습과 인지 능력을 촉진하는데, 같은 사물이라도 시각 정보를 통해 모양이나 색감을 처리하고, 촉감을 통해 거칠고 부드러움 등에 대한 정보를 얻을 수 있다. 다양한 감각을 사용하면 더 효과적으로 학습하고 세계를 이해할 수 있으므로 오감 활용은 중년 이후의 인지 능력 저하에 대한 우려를 줄여줄 백신이라고 부를 수 있다.

오감을 통한 경험의 공유는 사람들과 소통 및 상호작용을 향상하는 데도 중요하다. 함께 맛있는 식사를 즐기거나 음악을 공유하는 등의 감각적인 경험은 사회적인 연결성을 증진하고 소통의 통로 역할을 하며 관계를 더 풍요롭게 만들어 준다. 이제 실버 세대는 오감의 본능을 되살려 창의력을 높이고 감성의 깊이를 더하여야 한다.

02

맛이 둔해지면 즐거움이 사라진다

단맛은 행복감을, 쓴맛과 매운맛은 몸을 보호하고, 짠맛은 다양한 먹거리에 풍미를 더한다. 게다가 맛은 뇌와 혀를 자극하는 강력한 물질이라 느끼며 몸 전체가 화학적 변화에 반응하면서 메시지를 보내고 받는 무한대의 신경망을 자극한다. TV를 켜면, 국내 인기 많은 맛집 기행, 숨은 고수 요리사를 찾기, 해외 맛집 소개, 맛 내는 법, 먹방 등 넘쳐난다. “언제 밥 한번 먹자.” “언제 같이 먹을까?”가 인사의 대표 격이기도 하다. 이러한 맛을 우리가 알 수 없다면, 미각에 문제가 생긴다면, 끔찍한 일이 다가올 수 있다. 기쁨이 대폭 줄어들고, 아내나 가족이 나를 생각해서 요리해 주는 것도, 함께 식사하는 것도, 상대방과 식사하는 기쁨도, 여행의 즐거움도, 친구들과 만남의 기쁨도 사라질 위기에 처한다.

중년이 되면 축구와 드라마를 보며 치킨을 먹고 싶은, 맛있는 커피를 마시고 싶은, 떡볶이를 먹고 싶은 욕구 등 맛에 대한 기억들이 멀어져 가는 것 같아 너무 두려울 수 있다. 음식은 입속에서 맛의 폭발과 함께 시작되었다가, 어둡고 깊은 소화 기관 속으로 사라지고, 거기서 에너지로 전환되어 몸속의 모든 곳으로 뻗는다. 맛의 세계는 몸 전체가 음식의 화학적 변화에 반응하면서 메시지를 주고받는 무한대의 바다 같은데 이를 잃는 것은 너무 슬플 것이다.

인간의 역사는 불과 맛의 역사이기도 하다. 행성에서 조리에 쓸 만한 불이 존재하는 곳은 오직 지구가 유일하다. 태양은 불이 타는 것처럼 보이지만 산소와 반응하는 불이 아닌 핵융합이다. 다른 행성에는 요리에 쓸 만한 적당한 불을 일으킬 만한 산소가 존재하지 않는다. 지구의 축복인 불은 우리에게 맛의 재발견하도록 돕고, 깊이 있는 맛을 만들어낸다. 음식에 불을 가함으로 음식의 풍미가 다양해지며 여러 음식을 결합하여 조리하면서 새로운 맛을 생산하고 미각은 더욱 민감하게 발달되었다.

미각은 단맛, 짠맛, 쓴맛, 신맛, 감칠맛까지 다섯 가지 맛을 느끼고 감지한다. 이 다섯 가지 맛은 모든 인간의 삶에 쾌감과 고통을 동시에 제공하고 인생을, 맛을 통해 풍미를 가득하게 만든다

존 매케이드는 〈미각의 비밀〉에서 불을 다스리게 된 사건과 조리의 발명을 혁명으로 꼽는다. 실제로 소화도 잘될 뿐 아니라, 부패를 지연시킨

다고 했다. 게다가 음식이 주는 감각적 즐거움이 더욱 강렬하고 다양해졌다고 한다. 소금 같은 경우 다른 향미를 높이기 때문에, 보편적인 양념이 되었다.

예를 들어 하얀색의 음식 소재들은 여러 가지다. 설탕, 소금, 몸에 쓴 약이나, 마약까지 눈으로 보면 구분이 어려운 경우가 많지만, 입맛은 정확히 밝혀낸다.

맛의 향연은 천천히 씹는 것으로부터

우리의 식습관 중에 빨리 식사하는 버릇을 가진 이들이 많다. '일을 더 하려고 밥 먹는 시간 아끼려 했던 시절', '한정된 시간 내에 식사를 마쳐야 하는 단체 급식 생활' 등 이유가 몸에 배어 있다. 늘 듣는 이야기인 "프랑스 사람들은 식사가 2시간이래." "천천히 씹는 것이 몸에 좋은 이유는 여러 가지가 있어." 등 허다하다. 또 장수마을 뉴스 단골 내용이 소식하고 천천히 씹어 먹는 습관이다.

급하게 빨리 먹으면, 노년일 경우 특히, 음식물이 충분히 쪼개어지지 않아 위와 장에 부담을 주어 소화장애가 일어나고 음식과 공기가 함께 위로 들어가 가스가 차고 더부룩한 느낌이 든다. 소화 과정 중 자연스럽게 발생한 가스와 달리 소화 속도를 느리게 하고 짧은 식사로 말미암아 소화액도 적게 발생한다. 가장 큰 문제는 음식의 본연의 맛과 향신료, 소스류의 감칠맛을 충분히 음미하지 못하는 것이다. 맛이 먹는 속도에 묻혀 사라지는 것과 같다.

음식을 충분히 씹으면 소화 효율이 향상되고 음식물이 소장으로 올바르게 이동하여 영양소가 더 잘 흡수되며, 소화 장애를 예방할 수 있다. 또한 식사 중 뇌가 포만감을 느끼는 시간이 늘어나기 때문에 과식을 방지하는 데 도움이 된다. 치아와 인접한 잇몸의 혈액순환이 증가하고 치아의 건강을 유지하고, 무엇보다도 음식의 맛과 향을 더욱 잘 느낄 수 있으므로 식사 시간이 풍성한 경험을 하게 된다. 천천히 씹을수록 뇌를 자극하여 뇌 활성화에도 도움이 된다는 사실이다.

미각 활성화 포인트

신선하고 다양한 식재료를 포함한 건강한 식단을 유지하는 것과 색다른 종류의 과일, 채소, 고기, 어류 등을 다양하게 섭취하면 미각을 활성화할 수 있다. 다양한 식품을 통해 미각을 자극하면 다양한 맛과 향을 경험하면서 미각을 향상할 수 있다. 새로운 향신료를 사용하거나 다양한 요리 스타일에 적응하는 것은 좋은 예이다.

담백한 식사나 물을 통해 입안을 깨끗하게 유지하고, 신선한 과일이나 채소를 씻어 깨끗이 섭취하며, 물을 충분히 마셔 입안이 마르지 않게 유지하면 미각의 행복을 유지할 수 있다. 향수나 향기 디퓨저를 사용하여 후각을 통해 미각을 강화할 수 있다.

최근에는 미각의 중요성이 널리 알려지면서 출시된 미각 훈련 앱은 미각을 향상하는 데 도움을 주는 게임이나 활동을 제공하고 있다. 이러한 앱을 활용하여 미각을 훈련해 보자.

만약 미각에 문제가 있다고 생각된다면, 의료 전문가에게 상담받는 것이 좋다. 미각을 향상하고 맛을 표현하는 것은 시간과 노력이 필요하다. 노년에 접어들었다면, 각 개인의 건강 상태, 식습관, 생활 습관 등에 주의를 기울여 미각을 개선하는 노력을 기울이면서, 즐겁게 다양한 맛과 향을 경험하며 미각을 발전시켜야 한다.

더불어 나이가 들수록 맛감각이 둔해져 요리 시에 점점 짜고 매운 맛을 더해 음식을 섭취하는 이들이 있는데, 이 또한 미각을 잘 관리하고 건강한 식생활을 유지해 보완할 수 있다.

미각과 맛의 건강 유지를 위한 표현, 알면 뭐 하나 표현해야지

음식을 먹을 때 사용되는 감각적인 언어는 다양한 맛을 표현하는 데 도움이 되며 우리의 감각을 살리고 뇌의 인지 활동에도 큰 도움이 된다. 실버들이여 표현하자 “달콤한” “짭짤한” “신맛” “고소한” 등의 용어를 사용하여 자신의 미각을 표현하자.

맛있는 음식을 사진으로 찍어 사랑하는 사람들에게 공유하거나 기록하는 것만으로도 맛을 표현하는 좋은 방법이다. 사진은 맛뿐만 아니라 시각적으로도 맛에 대한 느낌을 전달할 수 있어 소통하면서 맛 표현에 대한 감각도 키울 수 있다.

03

후각은 기억을 되살린다

후각을 민감하게 하면 추억과 기억이 돌아온다. 어린 시절 맡은 향기와 연관된 추억을 오래 기억하도록 돕는 후각은 회춘이다. 후각 세포는 30일 만에 재생되는 특별한 기관이기도 하다.

욕망과 열정을 깨우고, 시각적 상상력 너머를 느끼게 해주는 감각이다. 향기를 통해 갖게 된 감정은 인간의 정서 형성과 뇌를 깨우는 중요한 역할을 한다. 상상으로 음식과 사물을 그리면, 통합감각으로 뇌는 새로운 향을 만들고 창조한다. 냄새라는 철사 덫을 건드리면 기억들이 즉시 모두 터져 나온다. 지난여름 남해를 갔더니, 바다의 내음과 함께 첫사랑의 체취를 느꼈고 아련한 키스 감정이 떠올랐다.

후각(향기를 통한 감각 자극 및 상상력 발달)

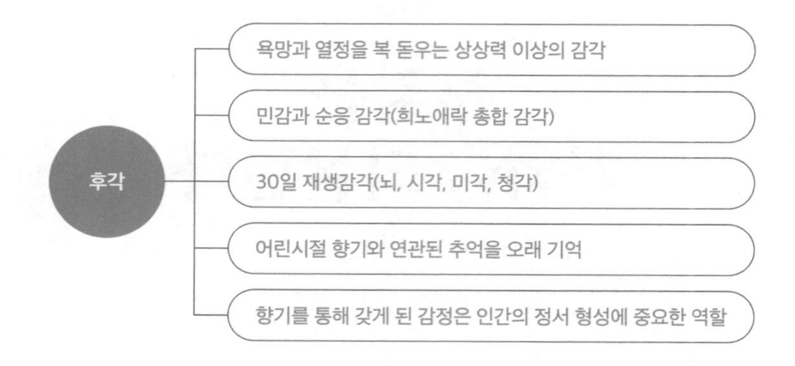

음식을 먹을 때 후각이 함께 작용한다. 맛을 더욱 풍부하게 느끼게 하며 다양한 음식의 향과 맛을 인식하여 식사를 즐기는 데 기여한다. 후각은 냄새를 통해 환경에서의 위험을 감지한다. 독극물, 화재, 부패한 음식, 위험의 위치나 방향도 냄새를 통해 감지하여 우리를 위험에서 보호하고 안전을 유지하는 데 도움이 된다.

특정한 향기는 감정과 기억과 연결되어 과거의 경험을 떠올리게 하거나 특정 감정을 유발할 수 있으며 냄새가 기억과 감정적인 경험을 연결한다. 개인의 청결 상태와 냄새는 사회적 상호작용에 영향을 미칠 수 있으므로 자신의 청결을 유지하면 주변 사람들과 원만한 소통을 하고 관계를 유지할 수 있다. 특히 후각이 사회적 관계에 영향을 끼치고, 위생적 역할까지 가지고 있으므로 후각이 손상되거나 상실되면 음식의 맛을 감지하는 데 어려움을 겪을 뿐만 아니라 안전부터 사회적 관계까지 영향을 미칠 수 있다. 후각의 중요성을 고려하여 건강을 유지하고, 필요하다면 의료 전문가와 상담하면서 후각을 관리하는 것이 중요하다.

후각 활성화 포인트

1. 음식을 먹거나, 어딘가에서 이상한 냄새가 나면 이를 민감하게 받아들이자. 간단명료하게 주변에 표현하고, 특정 냄새를 통해 과거의 추억과 감정이 떠오르면 메모장에 적어보거나 그때의 사진을 꺼내어 보든가 하면 가족들에게 공유하자. 더욱 건강한 후각을 유지할 수 있다.
2. 다양한 향신료와 허브를 사용하여 요리를 준비하고 섭취하면 후각 세포가 자극되어, 후각이 민감해지고 활성화된다.
3. 안티 옥시던트 항산화 성분을 많이 함유한 식품을 섭취하면 후각이 개선되는데 대표적으로 블루베리, 케일, 시나몬 등이 있다.
4. 향이 너무 강하거나, 후각을 무디게 하는 공간이나 물질을 가급적 피해야 하고 집 안 환기를 자주 해 후각의 건강을 유지하자.
5. 이상한 증상이 있으면 즉시 의료 전문가와 상담하면서 후각을 관리하자. 후각은 관리가 소홀해지기 쉽다.

04
시각을 통해 관찰하고 통찰을 얻는다

정보의 70%는 시각을 통한다. 단순히 보는 것이 아니라 이제부터 관찰하고 통합하자. 눈을 통하여 사물들을 인식하고 순간적으로 전체를 파악하는 시각은 오감 중에서 가장 활발한 기관으로 단순히 보는 것, 좀 더 깊이 보는 관찰, 그리고 여러 기관을 통합하는 몰입으로 새로운 것을 본다. 새로움에 대한 관심을 가지면 뇌를 자극하는 직관과 아이디어가 발달하며 변화에 대한 민감함으로 뇌가 활성화될 뿐 아니라 실버의 건강에 큰 도움이 되며 삶의 즐거움이 넘치고 자족할 수 있다. 그러나 중년부터 눈이 건조해 불편해지기 시작하며, 질병 때문에 삶의 질이 확 떨어진다.

노안으로 인한 안구 건조증과 백내장, 녹내장 등은 시력을 점진적으로 감소시키고, 망막변증(망막의 중심 부분인 황반의 변성으로 인한 질병으로 중앙 시야가 흐려지고 왜곡 현상), 당뇨 망막 변종(당뇨병에 의해 망막이 손상되는 질병으로, 고혈당 수치가 지속되면 망막 혈관에 손상을 초래하고 출혈, 부종을 일으킴) 등이 심각한 질병이 생길 수 있는데, 제때 발견을 못하거나 적기 치료를 받지 못하면 심각한 시력 저하는 물론 실명의 위기도 가져올 수 있다. 반드시 동네 의료기관을 찾아 전문가의 상담과 진료를 정기적으로 하여야 한다.

사람은 시각을 가장 많이 이용한다. 화면을 통해 음식의 맛을 그려볼 수 있는데, 다른 감각들은 제대로 사용하지 않은 채 시각만을 사용하여도, 후각, 미각까지 자극받아 뇌의 활동이 풍성해진다. 인간은 나이와 관계없이 매일 수많은 시각적 자극을 접한다. 사람, 애완동물, 음식, TV, 그림, 영화, 자연의 경치, 도시의 풍경, 일상의 사물 등을 볼뿐 아니라, 계절의 변화에 따른 시각적 자극은 창의적 영감의 원천이 되고 실버들의 정신 줄을 지키게 하는 데 큰 역할을 한다.

시각적 표현과 창의성 관련하여 보면, 창의적 아이디어나 감정을 시각적 형태로 표현하는 것은 그 자체로 창의적 활동이다. 예를 들어, 그림 그리기, 디자인, 영상 제작 등의 활동은 개인의 내면적 세계를 시각적으로 표현하는 과정에서 뉴런끼리 소통한다. 나이가 들수록 우리는 복잡한 개념이나 아이디어를 시각적 형태로 단순화하길 선호한다. 또한 추상화하는 것은 이해를 돕고, 새로운 관점이나 접근법을 찾아내는데, 예를 들어

데이터 시각화는 복잡한 정보를 한눈에 이해할 수 있는 형태로 변환하여 제시한다.

우리의 뇌는 이미지나 장면을 상상하는데 탁월하다. 시각적 상상력은 창의적 아이디어나 해결책을 구상하는 데 중요한 도구로 작용해 중년의 정신과 육체를 건강하게 만든다. 일부 노년에 정보나 개념을 시각적으로 표현하는 것이 학습에 도움이 되고, 노년은 시각적 자료를 활용하여 새로운 아이디어나 연결을 찾아낼 수 있다. 시각은 중년의 인식, 표현, 학습 및 창의적 사고 방식에 깊게 관여할 뿐 아니라, 창의적 영감과 아이디어를 촉진해 뇌를 자극하는 데 중요한 역할을 하므로, 놓치기 쉬운 정신 줄을 지키는 데 큰 도움이 된다.

시각 활성화 포인트

1. 시력이 나빠지거나 질병이 있으면 조짐이 미리 보이는 경우가 많다. 눈곱이 끼거나 눈앞이 흐릿해지고, 어지러움 등이 나타난다. 이 경우, 안과의사, 안경사와 상담하여 치료하고, 안경을 착용하여 시력을 보정한다.
2. 햇빛의 UV 방사선은 눈 건강에 해로울 수 있어 직사광선은 반드시 피하고 야외 활동 시에, 선글라스를 쓰면 도움이 된다.
3. 작업자들은 안구 보호를 위한 안전 조치를 하여서 화학 물

질, 먼지, 입자 또는 다른 외부 물질로부터 눈을 보호하기 위해 안전 고글 등을 착용해야 한다.

4. 루테인 등의 영양제를 복용한다
5. 장시간 화면을 보거나 책을 읽을 때 20분마다 잠깐 눈을 휴식시킨다.
6. 각 개인의 습관이 다르겠지만 충분한 수면을 취하는 것이 중요하다.
7. 간단한 안구 운동은 눈 근육을 강화하고 눈의 혈액순환을 촉진할 수 있다.
8. 눈을 감고 5초간 유지한 다음 눈 깜빡이기를 여러 번 반복하고 눈을 원으로 회전시키자. 반복하면 눈의 유연성이 향상되고 근육이 강화된다.
9. 가끔 허리를 펴고 긴 호흡을 하면서 먼 곳을 응시하는 것은 눈의 근육을 편안하게 만든다.
10. 눈 운동에 대해 전문가들의 의견을 듣고 자기 눈에 적합한 관리법을 선택하기를 바라며 이상한 증상이 있으면 즉시 의료 전문가와 상담하면서 시각을 관리하는 것이 중요하다.

05

청각은 소통과 상상력 그 자체이다

머릿속으로 소리를 상상하고 그림으로 그려보는 '청년' 같은 실버

〈불새〉, 〈페트로슈카〉, 〈봄의 제전〉을 작곡한 러시아의 음악가 이고르 스트라빈스키(Igor Stravinsky, 1882~1971)는 소리 듣는 것과 음악 감상을 이렇게 표현하였다. '음악 감상에 있어, 우리에게 그냥 듣는 것과 주의 깊게 듣는 것을 구분하도록 해야 하며, 그 감각들이 우리의 뇌를 자극해 그 음악에 걸맞은 상상 속의 이야기를 펼치게 하면 제대로 공감할 수 있다.'라고 했다.

공감하는 청각에 민감해지자. 그러면 귀로만 들리던 것들이 눈으로도 보인다. 소리로 전달된 사물의 형태, 색깔, 온도, 정서, 느낌, 재질 등을 볼 수 있고 느낄 수 있어 종합감각 활성화와 뇌 활성화를 키운다. 진동하는 소리와 소리의 높낮이, 즉 주파수를 감지하여 뇌로 전송하는 청각기관은 임신초기에 가장 먼저 생성되고 발달하는 감각이기도 하다. 그래서 어머니들은 임신 초기부터 태교의 한 방법으로 부부간 대화, 음악 듣기 등을 선택한다.

가족 중 누가 임신을 하면 온 가족이 모여 태아에게 '잘 크고 있니, 아가야?' '내가 엄마야.' 혹 '아빠야.' '할머니야.'라고 말을 건다. 아기의 미동이 느껴지면 '그래, 잘 들린다고?' 말을 걸고 듣곤 한다. 청각은 크고 낮은 소리를 파악할 뿐 아니라 공간적 방향성을 갖는데 이는 양쪽 귀에 있는 청각 세포들이 소리의 발생원을 찾아 주어, 왼쪽과 오른쪽 귀에서 들리는 소리의 시간 차이나 음파의 강도 차이를 통해 소리의 방향을 파악할 수 있게 한다.

인지과학자 콜린 체리(E.C. Cherry)는 사람의 귀로 들리는 소리와 뇌 반응에서 특별한 현상을 찾아내었다. 수많은 말이 오가는 칵테일 파티 장소에서 사람들은 듣고 싶은 사람의 소리만을 선택적으로 집중하여 잘 받아들이는 현상이 있는데 이를 칵테일파티 효과(cocktail party effect)라 부른다.

우리가 소리를 듣고 이해할 때, 뇌는 청각 정보를 처리하여 언어, 음악, 환경 소음 등 다양한 소리를 이해하고 해석할 뿐 아니라, 말과 음악 등을 발음하고 조절하며 자신의 목소리와 주변 소리를 듣고, 필요에 따라 소리를 조절하거나 적절한 대화를 유지할 수 있도록 한다.

청각은 우리의 일상생활에서 매우 중요한 감각 중 하나이며, 소통, 안전, 환경 감지 등 다양한 기능을 담당한다. 청력 손실은 일상생활에 부정적인 영향을 미칠 수 있으므로, 청력 건강을 유지하고 필요한 경우 전문가와 상담하는 것이 중요하다.

실버가 청력을 관리할수록 원활한 소통과 사회적 참여를 가능케 하는데 가족, 친구, 이웃들과의 대화, 모임, 사회 행사 등에서 소리를 잘 듣고 이해해야 하기 때문이다. 나이가 들어 느려지는 행동을 좋은 청력이 보완해 주는데, 비상 상황이나 경고음을 듣고 적기에 대응하도록 한다. 청력은 안전을 유지하는 데 중요하다.

청력을 통한 즐거움을 유지하기 위하여 음악 감상, 자연 소리 감상, 책 읽기 등을 가까이하고. 소리를 통해 환경에 더 깊이 관여하고, 음악이나 대화를 통해 정서적 유대를 해야 한다. 만약 가을밤에 풀벌레 소리가 들리지 않고, 푸른 바닷가에 서 있는데 철썩거리는 파도 소리가 없으며, 오케스트라의 연주가 피날레로 달려가는데 그 멋진 하모니를 들을 수 없다면 얼마나 불행할까?

06

촉감과 통합감각은 두 번째 뇌다

외형적 재질에 대한 판단은 물론 피부를 통해 얻을 수 있다. 안전여부, 우호도, 정서적 공감 등을 피부로 알 수 있어 제2의 뇌라고 불린다. 친한 사람끼리 피부 접촉, 악수, 하이파이브, 포옹은 뇌를 자극해 매우 긍정적 역할을 한다. 단, 성 관련 접촉은 유의하자.

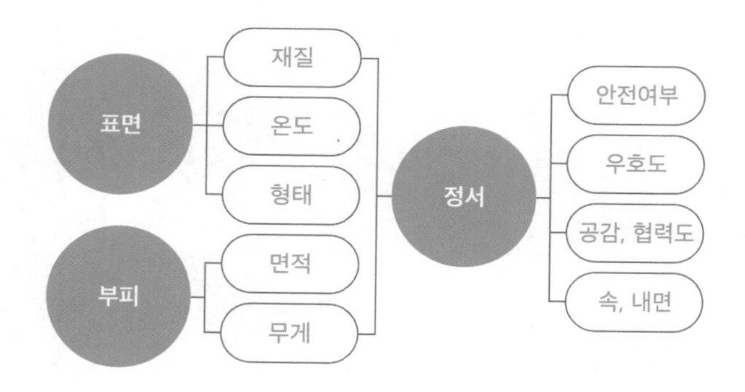

촉감을 통해 감지할 수 있는 영역

촉감은 우리가 주변 환경을 탐험하며 인식하는 데에 핵심적 기관이며 손으로 물체를 만지거나 피부를 통해 주변의 특성을 인지함으로써 물체의 크기, 모양, 온도, 질감 등을 파악할 수 있어 물체를 다루는 데에 도움이 된다. 또한 피부에 가해지는 압력, 온도, 손상 등의 자극에 대한 감각을 제공하여 안전을 유지하게 한다. 손을 흔들거나 악수하는 등의 촉감 교류는 사회적 교류에 기여한다. 실제로 촉감을 통해 감정을 전달하고 받을 수 있어 소통과 공감성을 높이는 감각이다.

촉감은 우리가 주변 세계를 더 풍부하게 경험하고, 일상생활에서 다양한 활동을 수행하는 데에 필수적인 감각 중 하나이므로 유지하고 활성화된다.

통합감, 지적분석의 종합적 사고의 감

눈이 보이지도 않으며 귀도 들리지 않은 헬렌 켈러는 어떻게 피아노를 치고 춤을 출 수 있었을까? 피아노 위에 손을 얹고 진동을 느끼면서 음악을 듣고 발 감각으로는 마루판의 진동을, 손을 통해 들었다. 또한 설리번 선생님의 입 모양과 표정을 어루만지면서 머릿속으로 그림을 그렸다고 한다. 얼굴과 손 그리고 피부로는 공기의 움직임을 느끼면서 무용수들의 춤을 본다고 한다. 평범한 오감을 가진 자들은 이해하기 힘들지만, 장애는 인간을 구속할 수 없으며, 통합감을 이용해 보고 듣는 일반인처럼 활동해 사람들을 놀라게 하며 겸손하게 만든다.

촉감 활성화 포인트

1. 헬스 도구를 활용하거나 필라테스와 같은 유연성 및 균형 운동, 워킹이나 러닝을 통해 다양한 지면에서 발바닥에 자극을 주어 촉감을 활성화할 수 있다. 한 발로 서 있기 자세들을 실내 등 어디서나 쉽게 가능하다. 촉감과 근육을 통한 균형감각이 증진된다.
2. 손끝이나 발끝을 사용하여 곡을 연주하거나, 리듬에 맞게 손과 발을 움직이면서 음악이나 리듬 체험을 통해 촉감을 활성화할 수 있다.
3. 마사지 롤러 등의 도구를 활용하여 손가락이나 다른 신체 부위를 자극해 촉감을 일깨우는 효과가 크다.
4. 다양한 질감 체험과 물체를 통한 감각 훈련을 해본다. 눈을 감거나, 안이 보이지 않는 상자나 통에 나무, 인형, 지우개, 양털 등 다양한 소재를 넣어 두고 만져보며 맞추기 놀이는 촉감 활성화에 도움이 된다.
5. 차가운 물을 담은 그릇과 따뜻한 물을 담은 그릇을 준비하고 손을 번갈아 가며 담그는 등의 체험을 시도와 손과 손가락을 사용하여 몸 전체 혹은 다양한 부위를 자극하면서 촉감을 촉

진한다. 이러한 활동을 통해 몸의 다양한 부분에 감각을 느끼며 뇌와 신경 체계를 자극하거나 다양한 감각을 경험하고 몸을 더 많이 움직이면서 촉감 능력을 유지하고 향상할 수 있다.

07

즐거움을 타인에게만 양보하지 말고 함께 공유하자

중년부터 즐거움을 누리는 것은 어느 연령대보다 의미가 깊다. 삶의 역동성이 상대적으로 적어지는 시기이므로 더 많은 즐거움을 누리고 이를 통해 건강하고 행복한 삶을 살아가야 하기 때문이다. 50대 60대가 즐거움을 확보하는 방법으로 관계에서 공정함과 존중을 우선으로 하는 것이지 배타적으로 욕심을 부리라는 것이 아니다.

즐거움이 주는 긍정적인 면은 굳이 말하지 않아도 보편적으로 이해하고 있지만, 다시 살펴보면 첫째, 즐거운 경험들은 중년들이 자기를 존중하고 긍정적으로 생각하며 긍정적인 자아 이미지를 형성하는 데 도움이 된다. 둘째, 즐거움과 보상을 경험할 때 뇌 내부에서 도파민이 분비되어 기쁨과 만족감을 느끼게 하며 우울증이나 외로움과 같은 심리적 질환을 완화하는 데 도움을 준다. 셋째, 즐거운 순간, 보상과 관련된 부분인 뇌의 중추인 대뇌의 중심부에 있는 시냅스가 활성화되며 상쾌한 정서를 가져오기도 한다.

이 책에서 말하고자 하는 여러 뇌 활동, 종교활동, 명상 그리고 사회적 관계와 소통 그리고 보고 듣고 먹고 이야기할 때 모두, 즐거움과 관련 있으며 자신의 중장기, 단기 목표를 세우고 도전할 때 오는 성취감의 즐거움은 희열과 자족감 그리고 스스로 기쁨을 준다. 다양한 즐거움이 있는데, 과정에서 즐거움, 회상할 때의 즐거움, 착오와 실패에서 오는 즐거움, 체험에서 오는 경험적 즐거움도 또한 삶에 활력을 더한다.

많은 즐거움을 얻는데 대가를 지급하지 않아도 된다. 햇빛을 받고 산소를 얻어 호흡하여 생명을 유지하는 것처럼 즐거움을 생성하는 일은 제반 시설이 필요하지 않은 무한한 생산이며, 심지어 공유할수록 즐거움은 커진다.

자신의 즐거움을 남에게 양보해야 할 경우가 있을 수 있고, 환경에 따라 진중함이 요구될 수 있지만, 즐거움을 양보하는 것만이 행복을 가져다주는 최선이 아닐 수 있다. 양보하지 아니하면서도 서로가 공유하여 무한대의 기쁨을 만들고 행복한 관계를 형성하는 게 더 바람직하며, 즐거운 사회관계 속에서 즐거움을 통한 행복의 가치 증대가 가능하다고 본다. 중년이 되면 스스로 즐거움을 이해하고 삶 속으로 즐거움을 가져오는 습관과 행동이 필요하다.

즐거움을 양보 말자는 이기적인 태도가 아니다. 자신의 욕구나 즐거움을 중요시하는 것보다 다른 사람들의 필요와 즐거움을 먼저 생각하고 배려해야 하지만 동시에 자신의 즐거움을 소홀히 하지 않고, 적당한 균형을 유지하여야 한다. 아이들에게 자신의 즐거움을 모두 양보해서 밤낮 일하다 보면 결국 즐거움을 잃어버린 삶이 될 수 있다. 함께 즐기는 즐거움은 중년 및 노년의 사회 연결성을 촉진하고 고립감을 줄여주므로 친구, 가족, 이웃들과 함께 삶의 의미와 가치를 나누고 더 풍성하게 만들어 준다.

08

일기와 일상정리는 정체성이고 백세 여정이다

아메리카(현재 미국 등)를 누가 발견하였을까? 콜럼버스와 아메리고 베스푸치이다. 1492년, 이탈리아 출신, 크리스토퍼 콜럼버스는 스페인의 후원을 받아 항해 끝에 아메리카 대륙을 최초로 발견하게 된다. 그런데 왜 콜럼버스로 명명하지 않고 뒤늦게 도착한 아메리고 베스푸치의 이름을 본떠 지었을까?

기록이다. 15세기 이탈리아의 탐험가이자 항해자인 그는 크리스토퍼 콜럼버스 이후, 신대륙을 탐험하고 기록한 것으로 유명하다. 베스푸치는 1499년과 1502년에 대서양을 건너 탐험하고, 그 후 이탈리아로 돌아가서 그의 항해에 대한 보고서를 발표하였다. 이 보고서들은 유럽에서 아메리카 대륙의 존재를 널리 알리게 되었으며, 이로써 그의 이름이 신대륙의 명칭에 사용되는 계기가 되었다. 콜럼버스 대륙이 아닌 아메리카대륙으로. 기록은 평범한 일상이지만 위대하기도 하다.

일기와 정리는 자신의 정체성이고 시간이며 백세 여정이다

일기 및 일상을 정리하는 것은 자아 인식을 증진하고 오감으로 느낀 정서의 표현을 도와주기 때문에 자기 생각, 감정, 목표, 욕망을 글로 쓰면서 자신의 자아를 더 잘 이해하고 표현할 수 있어 뇌의 활성화에 큰 도움이 된다. 고독, 슬픔, 기쁨 등의 감정을 글로 기록함으로써 그 감정을 인식하고 처리하는 데 도움이 되며, 이는 정서적인 치유를 촉진할 수 있다.

일기를 쓰고 일상생활을 정리하면 소소한 순간들이 기록되고 이를 통해 지난날들의 특별한 순간들을 회상하고 소중한 추억을 간직할 수 있어 뇌가 축소되는 것은 줄이고 건강한 시냅스 활동을 높인다. 오감을 자극하여 뇌를 움직이고 두뇌의 다양한 영역을 활성화해 창의성과 기억력을 촉진한다.

가족과 일기를 공유함으로써, 자기 삶과 경험에 관한 이야기를 전하면서 가족 간의 소통과 이해를 높일 수 있으며, 가족 목표를 설정하고 일상에 의미를 부여하는 데 도움을 준다. 미래의 계획, 목표, 희망 등을 일기에 적어 중년과 노년은 더 의미 있는 삶을 살 수 있다. 중년에 접어들어 일기 쓰기는 감정적인 변화가 있을 수 있는 시기에 일기를 통해 이러한 감정을 적절히 다루고 스스로 이해할 수 있게 돕는다. 창의성과 상상력도 촉진하며 글을 쓰는 과정에서 새로운 아이디어를 얻기도 한다.

일상적이라는 정서적 측면과 물리적 형태적 측면이 있다. 정서적 측면은 복잡한 마음과 염려가 있는 사람이나 이를 야기한 사건, 시간, 장소들을 되돌아 보고 정리하며 내 마음의 평정심을 가져오는 정서적 청소이다. 특히 보다 나은 선한 삶을 살아가고자 하는 다짐이며, 거울에 비친 자기 모습에서 잘못된 부분을 반성하면서 그 부분을 긍정적이고 미래지향적인 희망으로 채워가는 일이다. 특히 관계에 있어 불편한 관계에 있는 사람을 지우는 일은 일상에서 의미가 있으며 마음이 움직여 다시 관계를 회복시키는 순환적 출발이 정리다.

물리적, 형태적, 일상적이라는 집이나 사무실 주변 청소, 정리 정돈, 그리고 내가 사용하고 있는 시공간에 산만하게 널려 있거나 불필요한 것, 세월이 흘러 퇴색된 물건들을 비우고 공간을 만들어 새로운 것이 놓이게 하거나 빈 공간으로 두는 것이다. 책상 서랍 정리 정돈을 해보면 힘들지도 않다. 책상 위 책들과 노트북 위치 그리고 학용품들도 자연스레 정리가 용이해지고 장롱 안에 산재되어 있는 옷들과 신발장도 정리할 수 있다. 정리가 잘되면 주변이 청결해지니 중요한 일과 해야 할 일들에 대하여 집중력이 높아진다.

젊은 시절에는 먹고 살기가 급급하여 정리 정돈 할 시간이 없어 무관하게 살아온 세대가 지금의 50, 60, 70대이다. 아이 양육하고 밥 먹이고 학교 보내기에도 빠듯했던 그 시절은 지났으니 조금 여유가 생긴 만큼 시간 날 때마다 못다 한 정리 정돈을 해보자. 경험을 수없이 해보아서 알겠지만, 정리가 안된 생활이 실수도, 금전 지출도, 시간도, 짜증도 발생시킨다. 외출 시간은 다 되었는데, 차 키 못 찾아 헤매고, 핸드폰 등이 보이지 않아 나가지도 못하고, 옷 하나 찾으려고 이방 저방 다 돌아다닐 때 그 답답함과 스트레스가 괜히 배우자에게 향했던 시절을 털어버리고 새로운 사람이 되자.

정리가 된 백세와 되지 않은 백세

삶을 정리해 놓지 않은 백세의 후손은 급하게 부모의 일을 수습하느라 고생할 수밖에 없다. 나의 소중한 그 무엇들이 불타 사라져 가치가 없어질 수도 있다 생각하면 정신 바짝 차리고 시간 들여 정리하는 습관을 갖자. 내가 가장 사랑하는 이들이 나 대신 잘 정리하고 마무리할 수 있도록 미리 도와주자. 삶을 정리한 글도 남겨놓자.

정리 잘하는 중년과 노인에게 다른 좋은 점들이 있다. 정리된 주변 환경은 안정감과 안락함을 제공하고 마음의 평화를 주지만, 무질서한 환경은 스트레스를 유발한다. 또 일상생활을 더 편리하게 할 수 있도록 하여 필요한 물건을 찾기 쉽고, 행동하기 편리하며 자립적으로 일상생활을 유지하는 데 도움을 준다. 정리가 잘 된 장소는 친구, 가족 또는 방문자들과 사회적 상호작용을 위한 좋은 장소가 되어 함께 시간을 보내는 공간으로 활용될 수 있다.

뇌 활성화 포인트

1. 계획 수립, 자기 통제, 시간 관리 등의 기능인데 일상생활을 정리하고 계획을 세우고 관여하므로 활성화됨
2. 일상생활을 정리하고 계획을 세울 때 필요한 정보를 검색하고 처리하는 과정에서 대뇌피질이 활발하게 작동함
3. 경험을 참고하여, 유용한 계획을 세우는 데 도움 주는 해마가 활성화됨
4. 계획을 완료하거나 목표를 달성했을 때 보상 체계를 통해 쾌감을 느끼게 되어 뇌가 활성화됨

09
자신을 표현하자

자기 생각, 감정, 관심사, 가치관 등을 표현하는 것은 자아를 인정하고 이해할 뿐 아니라 다른 사람과의 상호소통을 통해 자기를 식별하는, 인간이 살아가는 데 필수적인 사회 과정이다. 표현을 통해 자기 내면이나 생각, 상황, 생활 등을 겉으로 드러내 보인다.

중년, 노년 그리고 꼰대 심지어 불통이라 불명예를 안고 사는 기성세대가 개인의 존재로 인정받고, 사회적으로 존중받는데 자기표현이 중요한 역할을 한다. 먼저 자신을 귀하고 소중하게 여기고 인정하는 자존감을 가지고 자유롭게 표현할 용기를 가져야 한다.

하지만 기성세대가 공적만 말하고, 자기 경험만 내세우면서

"우리가 옳아, 인생 얼마 살지도 않은 세대가 알면 얼마나 알아? 해 봤어, 굶어 봤어, 눈물 젖은 빵을 알기나 하고 말하는 거야."

하며 자기표현만 한다면 아무런 소통은 이루어지지 않는다. 이런 마음으로는 차라리 표현하지 않는 게 나을지도 모른다. 나의 심리나 상황을 상대방이 잘 알아듣고 이해하게 하며, 반응을 끌어내는 데 목적이 있으니, 표현의 기술도 지혜롭게 발휘하자.

즉 누구에게 어떠한 상황에서 내가 무엇을 표현하려는지 명확히 이해하고 상대의 말에 경청하면서 언어, 말투, 표정 그리고 제스처 등의 기술적인 방법을 동원하여 전달하는 게 효과적이다. 중년의 장점인 경험과 지혜를 살려 열린 마음과 태도로 상대방과 새로운 경험에 수용적 태도를 유지하면, 오히려 더욱 공감대를 형성하게 된다.

심리학의 거장 로널드 아들러는 자신을 효과적으로 표현할 수 있는 요소들로 시각적 요소, 음성적 요소, 언어적 요소의 세 가지를 들어 설명하였다. 첫째, 시각적 요소는 말하려는 내용을 더 분명하게 해 주는 비언어적 행동을 말한다. 비언어적 행동은 자기 의사를 상대방에게 전달할 때 내용을 보충해 주는 역할을 한다. 같은 내용을 말하고 있더라도 자신감 있게 분명한 태도로 말하는 사람과 머뭇거리며 눈을 잘 맞추지 못하고 말하는 사람은 말의 호소력에서 차이가 생긴다. 시각적 요소에는 이야기할 때 눈을 어디에 맞추는가, 상대방과의 사이에 유지해야 하는 적당한 거리, 전달하는 메시지와 일치하는 표정, 안정감을 주는 몸동작과 자세,

그리고 상대방에 따라 자기 몸 위치를 바로잡는 몸의 방향 등이 있다.

둘째, 음성적 요소는 자기 의사를 어떻게 전달해야 하는가의 문제다. 음성적 요소에는 상황과 대상에 어울리는 목소리의 크기, 상황에 적합한 말의 속도, 이야기를 할 때 더듬거리거나 머뭇거리지 않는 유창함, 그리고 말하는 사람의 감정을 표현하는 중요한 요소인 음조와 억양을 포함하는 정감 등이 있다.

셋째, 언어적 요소는 좀 더 효과적인 자기표현을 위해 사용하는 것이다. 언어적 요소에는 완벽하고 분명한 생각으로 자기 생각을 표현, 끝맺음 문장이나 말을 잘 사용하며, 생각의 밑바탕이 되는 하나의 지배적인 근본 사유를 잘 전달하는 능력인 핵심 전개 등이 있다고 말한다.

우리 중년들은 여러 특기가 많은데 이를 활용하여 표현하는 것도 효과적이다. 대표적으로 악기를 연주하거나 노래를 부르며 자신의 감정을 표현하거나, 춤 등 예술은 비언어적인 방식으로 자기를 표현하는 좋은 도구이다.

SNS 등에 사진이나 영상 촬영을 통해 자기 경험과 감정을 기록하고 공유할 수 있다. 의류, 액세서리 등을 통해 자신의 개성과 스타일로 자신의 취향과 가치관을 나타내는 것도 멋진 표현 중 하나이며, 상대도 직관을 통해 개인의 개성을 느끼게 된다.

3장

의미있는 소통으로
품위있게 살자

소통을 통해 소기업에서 1조 5천억 대기업을 일군 DS단석의 조직 창의성 파워

한승욱 대표이사와의 만남

십수 년 전 경기도 시흥시 정왕동에 있는 중역실에서 DS단석의 한승욱 대표이사와 만났다. 외부에서 온 코치나 컨설턴트에게 프로젝트를 맡길 때 담당 임원들이 미팅하고 협의를 하는 형태가 일반적이다. 한승욱 대표이사는 저자를 먼저 집무실로 불러 차를 대답하면서 회사의 현황과 부친으로부터 가업을 이어왔다고 이야기했고, 현재 회사의 매출 확대를 위한 혁신적인 처방과 새로운 비즈니스모델을 찾아야 하는 중요한 시점이라 말하였다. 차를 마신 후 직접 사무실과 공장 여기저기를 안내하였다. 그 과정에서 오너와 대리, 과장 그리고 말단 직원들과 자유롭게 가족같이 소통하는 문화를 보여줬다. 형식적이거나 눈치 보는 그런 관계가 아닌 절친한 친구와 같은 대화와 모습이었다. 한승욱 대표이사는 어떤 방법과 툴로 자기 회사의 신성장 사업의 발굴할지 세세히 물어보기도 하였다. 마친 후 구내식당서 맛있는 저녁도 함께하며 첫 만남을 마무리하였다.

신사업을 찾기 위한 과정

프로젝트 진행할 때 수백억 매출 중소기업의 어려운 점은 인력이 절대 부족하며 인력의 수준도 상대적으로 대기업에 비해 약한 게 현실이었다. 대표이사의 결단은 파격적이었다. 공장 필수인원을 제외한 나머지 전 직원을 프로젝트에 투입하고, 회사 내가 아닌 조금 떨어진 화성에 있는 청호인재개발원을 거의 통째로 빌려 숙박하면서 진행했다.

여러 분임조를 편성할 때 저자는 DS단석의 조직 창의성을 도출하려 각 프로젝트팀에 인사 총무, 생산, QC, 재무, 연구소 인원들을 무작위로 배치했다. DS단석의 역량을 살펴보니 대표이사와 전 직원 간 소통이 장점이라 정의했기 때문이다. 전혀 다른 부서원, 신사업 발굴이나 신사업 모형화에는 거의 지식이 없을 수 있지만, 조직원 간 특별한 소통력에 뇌를 말랑말랑하게 만들 창의성 기법을 접목하려 했다. 조직의 역량을 자극해 주면 조직 창의성이 폭발해 일당백의 조직으로 변화시킬 수 있으며, 지금은 보이지 않는 전략이나 강점들이 조직 창의성으로 모이게 되면 가공할 만한 전략을 도출할 수 있을 것으로 판단했다.

수일 동안 밤늦게까지 브레인스토밍, 학습, 워크숍, 시뮬레이션, 프레젠테이션을 실행하고 다시 회사로 돌아가고 얼마 지난 후 또 연수원에 모이는 일을 반복하였다.

비즈니스 도출과 리더십

이 길고 긴 과정을 한승욱 대표이사가 늘 함께하였고, 이 사실은 직원들을 단순히 격려 하는 차원을 넘어 소통을 통한 리더십으로 전 직원을 하나로 묶고 새로운 날개를 달고 달려 나가는 준마와 같은 조직으로 변신시켰다. 프로젝트의 긴 기간이 마칠 즈음 단석 조직원들은 바이오디젤 비즈니스와 여러 신사업을 도출하였고 중소기업으로 드물게 대표이사의 확실한 사업 비전과 결단력으로 가보지 않은 신사업 길을 걸어갈 수 있었다.

결과

수백억 매출을 올리던 단석이 무려 일조 이천억 매출을 기록하였고 23년 말 주식시장에 상장해 일조 오천억 가치를 기록하는 등 중소기업 그것도 제조업의 신화를 일구었다. 리더의 소통력과 섬세한 전략 그리고 비전에 의한 결단력은 작지만, 강한 조직, 무엇을 하더라도 거대기업과 버금가는 결과물을 창출하는 조직력이 DS단석의 역량이었다.

참고

바이오디젤의 원료는 폐식용유와 우지 등이다. 치킨집 폐식용유 등을 수거해 불순물을 제거하고 메탄올 등을 섞어 연간 34만 킬로리터의 바이오디젤을 생산한다. 경유 1리터를 바이오디젤로 대체하면 2.6톤의 온실가스 저감 효과가 있다. 국내 4대 정유사는 물론 BP 등 글로벌 에너지 기업에도 DS단석의 바이오디젤이 공급된다. 폐식용유 정제 과정에서 나오는 부산물은 바이오중유로 발전소나 산업용 보일러 등에 사용된다.

01
디지털 원시인과 지혜로운 세대

내가 비천에 처할 줄도 알고, 풍부에 처할 줄도 알아, 모든 일 곧 배부름과 배고픔과 풍부와 궁핍에도 처할 줄 아는 일체의 비결을 배웠노라. [성경 빌립보서 속 사도 바울의 말]

지금의 기성세대는 먹을 게 부족했던 보릿고개도 겪어 봤으며, 일하고 싶어도 일자리가 없었으며, 자식들의 학비가 없어 깊은 한숨도 뱉어 봤으며, 이 모든 궁핍을 벗어나려 우리가 모두 허리띠를 동여매고 휴일 한번 없이 일하여 산업 일꾼으로, 가장으로, 부모로 최선을 다하여 국가와 가정의 경제에 크게 이바지한 세대이다.

이제 배고픔을 벗어나고 먹을 게 넘쳐나는 새로운 시대를 살고 있는 세대나 이미 늙어 버렸다. 디지털 시대, 4차 산업혁명 시대, AI 인공지능 시대, MZ, 알파 세대, 알아 듣지도 못하는 아이돌, 걸그룹의 노래, 다루기도 어려운 스마트폰 등 빨리 변하는 세상이 멀게 느껴지고 겁난다. 괜히 동떨어진 무식쟁이 소리라도 들을까 속앓이하는 게 현실이다. 진정 기성세대는 디지털 원시인인가. 5살짜리 손주마저도 "우리 할머니, 할아버지는 게임도 못해요." 라고 말한다.

이렇게 다양한 환경 변화와 사건과 역사 속에서 누구도 경험하지 못한 산전수전을 온몸으로 지나온 지혜로운 세대가 사회에서 부정적 계층으로 인식되어 가는 현실은 편향된 문화이다. 특히 가르치는 위치에 서있는 중년 이상의 세대가 디지털 시대에 오히려 디지털 기기, 앱으로 무장한 젊은 세대의 현실적이고 실용적인 기술을 배우고 지적당한다. 중년 이상의 세대는 지식의 주류에서 도태되기 시작하다 보니 과거 경험해 왔던 공로를 내세우기 시작한다. 이러한 시대적 변화는 일부 사람들의 잘못된 활용으로 세대 혐오, 갈등으로 확대되면서 중년 이상을 꼰대라 비아냥거리고 연금충, 일자리 탈취, 건강 진료 과다 쇼핑층으로 부르는 현실이 되었다.

그럼에도 불구하고 이런 문제와 갈등과 잘못된 문화를 바로잡을 책임도 중년 이상 세대의 역할임이 분명하다. 시대의 어른으로 책임지고 풀어야 하는 과제이기도 하다. 혹 이러한 문제들은 기성세대가 부족해서라고 생각할 수 있지만 그보다 급변하는 사회문화, 기술 속에서 세대 간 소통, 즉 듣고 말하기 그리고 표현하기에서 부조화로 인해 생겨난 현상일 수 있다. 이런 상황에서 기성세대 스스로가 올바른 세대 간 문화를 바로 세우는 지혜로운 사회의 어른 역할을 찾아보고 실행하여야 한다. 아이와 청년과 노인들까지 서로의 역할에 충실하고 서로 조언하고 배려하는 문화를 다시 회복하여 우리가 풍요로운 미래를 살아가야 한다.

요즘 당신은 어떤 말을 하고 있는가? 최근 며칠간 내가 다른 사람에게 한 말을 생각해 보자. 공감과 긍정적인 말들이 많았는가 아니면 나에 대한 말과 부정적인 말이 많았는가? 말은 타인에게도 영향을 주지만, 가장 먼저 내 입에서 내 귀로 들어가 나의 뇌를 작동한다. 말에 힘이 있다는 것은 뇌과학적으로도 유의미한 얘기다. 말이 긍정적이고 의미 있게 발화하는 순간 나의 뇌가 말을 다시 받아들이고 마음이 변화한다. 예를 들어 누군가를 헐뜯거나 비난하거나 가십거리를 말한다면 나의 뇌는 부정적인 감정에 사로잡혀 나를 지배한다. 반대로 조금 회의적이고 마음에 의심이 간다고 하더라도 낙관적이고 믿음에 찬 말을 한다면 내 귀가 제일 먼저 그것을 듣고 뇌와 마음이 밝은 영향을 받게 된다. 그러므로 의미 있는 소통은 뇌와 정신 건강에 결정적인 요소라고 할 수 있다.

요즘에 어떤 말을 듣는가? 무의미하게 흘러가는 소리 말고, 내 귀와 마음을 잡는 말들 말이다. 주변 사람의 말을 판단하지 않고 그 사람의 입장에서 경청하고 있는가? 한편 누군가를 비난하는 말에 동조하고 있진 않은가? 말하는 것 외에도 의미를 두는 말들로 인해 뇌를 변화시키고 성장시킬 수 있다. 또한 타인의 말을 그대로 들어주고 공감하는 태도는 주변을 돕고 사람들이 자신을 긍정적으로 바라보도록 한다. 그렇다면 어떤 것이 피해야 할 부정적인 소통 방법이고 어떤 것이 긍정적인 소통 방법일까?

02

나이 들어 아쉬운 중년 (라떼와 백떼)

No.1. 라떼는 말이야, 하지 말고 이제 백세때(백떼)는 말이야 하자

소위 MZ 세대로 불리는 젊은 층이나 손주들은 우리 실버들이 겪은 사회, 환경과 완전히 다른 사회를 경험하고 있다. 변화한 시대만큼 그들도 자기만의 어려움과 불안을 감당하고 있고, 빠른 정보들의 흐름 속에서 살아남기 위해 열심히 노력하고 있다. 중년들이 겪은 어려움과 비슷한 부분도 있고 다른 부분도 있는 것이다. 그러므로 너무 쉽게 "내가 옛날에는 이랬는데 요즘 너희들은"과 같이 말하는 것을 주의하자. '내가 맞고 너는 틀렸다.'로 들릴 수 있는 대화를 좋아하는 사람은 없다. 자기를 높이기만 하는 사람의 얘기를 좋아하는 사람도 없다. 최근 어떤 조사 자료에 의하면 특히 실버층에 대해 부정적으로 생각하는 젊은 사람이 80%나 된다고 발표한 바 있다. 이 지표는 무엇을 의미하는가? 세대 간 소통의 실패가 이런 결과를 초래한 건 아닐까?

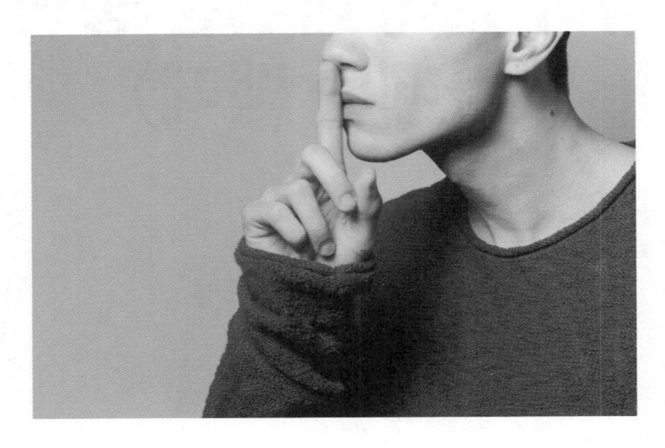

당연히 소통에는 상호 간의 노력이 필요하다. 기성세대도 노력하고 젊은 층도 그렇다. 그러나 물은 위에서 아래로 흐른다는 말이 있듯이, 아랫세대의 현재는 윗세대의 책임이기도 하다. 젊은 층의 모든 문제를 해결하지는 못하더라도 주변의 손주나 직원들, 후배들을 진심으로 응원하고 생에서 얻는 지혜를 나눌 수는 있다. 내가 딛는 땅 한 평과 다른 땅 한 평이 평화롭게 융화되면 이미 조금 더 나은 세상이 된다.

요즘은 양극화가 큰 사회문제이다. 세대 간 갈등도 피할 수 없다. 인터넷상에서 떠도는 사진 중에 논란이 된 것이 있다. 서울의 한 포장마차에서 49세 이상 손님 출입 금지 문구를 써 놓은 것이다. 노시니어존, 틀딱, 연금충 같은 말도 만들어졌다. 심지어 2018년 국가인권위원회 보고서에 따르면 우리나라의 노년 차별 수준이 OECD 15개 국가 중 2위였다. 결과를 곧이곧대로 받아들여서는 안 되지만 우리는 이렇게 차별하는 젊은 세대의 심적인 이유를 살펴볼 책임이 있다.

이를 위해 '나 때는 말이야.' 스타일의 소통이 아닌 '너는 그렇구나.' 하는 진심 어린 공감적 소통이 절실한 시대이다.

최근 붉어진 연금 고갈 또한 젊은 층과 실버들 모두를 자극하는 매우 심각한 뉴스이다. 고령사회에 진입하면서 실버 비율의 증가 속도가 빨라졌고, 이에 따라 젊은 층들은 고령자에 대한 경제적 부양 부담이 증가하게 됐다. 구직도 어려움이 있다. 젊은 사람들도 취업이 어려운 가운데, 소득 때문에 재취업이 필요한 노년의 비율이 늘어가면서 경쟁 구도 또한 불가피하다. 실버들은 이러한 현상들에 대하여 환경과 사회의 탓을 할 수도 있겠지만, 상황이 쉽게 호전되지 않을 것 같다. 그러면 우리 스스로가 젊은이들과 사회의 시선을 호의적인 방향으로 전환토록 노력해야 한다. 그것은 스스로에게도 긍정적이다. 탓만 하는 뇌가 아닌 성찰하고 성취하는 뇌로 탈바꿈 시킬 것이다. 그 결과는 명암의 대비가 뚜렷하지 않겠는가.

기성세대는 충분히 수고했다. 그것은 자신이 스스로 알아주고 인정해 주는 것으로 충분하다. 인생은 환경과 더불어 자신의 선택이요 결과물이다. 그러니 타인이나 젊은이들에게 내가 맞으니 따르라고 강요할 수 없다. '내가 그랬으니 너희는 그러면 안 된다.' 혹은 '너희도 그래야 한다.'라고 타인의 고유한 삶에 그렇게 말할 자격이 누구에게 있겠는가. 대신 사회와 인식의 변화가 어떤지 둘러보자. 그 흐름을 바꿀 힘이 있는가? 그렇지 않다. 노인 세대는 흐름을 비판적인 시선으로 받아들이고, 앞으로 귀한 날들을 어떻게 보낼지 생각하는 편이 지혜로울 것이다.

당연히 살아온 세월이 있으니 인생 경험도 풍부하여 젊은 사람들 행동이 미숙해 보일 수 있다. 입이 근질근질하더라도 3초만 참아보자. 대신에 상대방이 조언을 요청할 때에, 필요로 하는 정보를 정리하여 짧게 말하자. 내가 옛날에 어떠했건, 내가 가진 것은 현재뿐이다. 오늘 현재 내 모습을 잘 바라보며 살자. 그러면 당신의 '라떼(나 때)'는 자연스레 주변의 젊은 세대들이 알아주고 인정해 주는 것을 보게 될 것이다.

이제부터 과거를 말하지 말자. 우리가 스스로 바뀌자. 백세를 살아보려 하니까, 내가 백세를 살아보니까. "이런 점은 젊은 세대가 잘 참고하고 이런 점은 심사숙고해야 해요."

백세 때를 기다리는 우리는 라떼를 지우고 그 위에 백세때의 약어 백떼란 말로 덮어 없애자.

연어처럼 스몰트(Smolt)할 때

강가에 살던 연어는 전혀 새로운 세계인 바다로 들어가기 위해 자신을 변화시킨다. 민물과 전혀 다른 바다 환경에서 살아남기 위해 어린 연어의 몸은 예전보다 훨씬 더 유선형이 되고, 비늘은 은빛으로 바뀌며, 아가미는 바닷물에 잘 견딜 수 있도록 형태가 바뀌어 바다로 들어갈 준비를 한다. 스몰트는 민감한 환경에서 성장하는 단계를 말한다. 환경의 큰 변화 즉 삼투압 현상에 적응하는 등 물리적, 화학적 조건의 변화에 대응하기 위해 생리적으로 변화하는 게 큰 특징이다. 이 때쯤 이동, 먹이 섭취, 생존 전략 등이 결정된다.

50대에 퇴직을 하고, 몸은 점점 굳어지고, 수입은 급격히 낮아지며, 사회와의 소통도 줄고, 접촉면도 작아지는 이 시점이 환경의 급격한 변화다. 사회에서 꼰대라 지칭하는 세대가 되지 않기 위해 준비하고 소통을 이어나가면 연어처럼 스몰트할 수 있다.

No. 2 어이! 하지 말자

데시벨 큰 소리, 반말 금지. 나이가 들면 감각이 무뎌지는 건 자연스러운 일이다. 귀가 좀 어둡다고 대화를 할 때 본인도 모르게 목소리 톤이 점차 커지는 사람들이 많다. 그러나 상대방이나 주변을 배려한다면 내 목소리가 내 귀에 잘 안 들리니 잘 들릴 때까지 소리를 높이는 것은 민폐가 될 수 있다. 이런 사실을 인지하는 것 만으로도 존중이 시작된다. 조금이라도 우리가 자연스레 목소리를 조절하면서 이야기한다면 주변에서도 불편을 배려해 줄 심적 여유가 생길 것이다.

그리고 나이가 어린 사람들에게 절대 반말하지 말자. 상대방이 먼저 "말씀 내리셔요."라고 말하는 경우라면 몰라도 다짜고짜 말을 놓는 것은 예의가 아니다. 상대방도 어엿한 인격체이다. 오랜 관행이라지만 나이 많은 사람이 나이 적은 사람에게 반말할 권리 같은 건 없다. 반말을 듣는 상대방이 불쾌하다고 느낀다면, 반말은 무례함이다. 연장자들이 무심코 저지르는 언어 갑질 행태가 있다면 스스로 되돌아봐야 한다.

최악은 술자리나 사석에서 서슴없이 성적 농담을 유머랍시고 구사하는 중년들이다. 상대방이 느낄 모욕감이나 불쾌지수를 고려하지 않는다.

심지어 항변하는 사람에게 기분 나쁘게 할 의도가 없었다느니, 상대의 넘치는 매력을 칭찬했다느니, 하나 마나 한 변명을 늘어놓는 것도 구차하다. 부디 자신의 언어생활이 선을 넘지 않았는지 성찰해 보자.

또한 젊은이들뿐 아니라 자식들과 조카들에게도 예의를 갖춰 대하는 어른이 되자. 잘못했으면 반드시 사과하자. 부모의 위엄이 훼손될지 걱정된다면 오히려 먼저 사과하자. 딸이건 아들이건 그들은 내가 이 땅에 초대한 귀한 백년손님들이다! 마땅히 고운 말과 축복하는 말을 써야 하지 않겠는가?

잔소리도 줄이자. 아들과 딸에게 투하하는 잔소리 폭탄은 상대를 못 믿겠다는 의사 표현이 아니겠는가. 놀랍게도 자녀를 믿는 마음은 자기 자신을 믿는 마음으로 연결된다. 왜냐하면 내가 십수 년을 애지중지하며 교육하고 가르쳐온 우리의 분신과 같은 존재이기 때문이다. 그래서 스스로에 대한 믿음을 강화하기도 한다. 그 믿음이 또 자녀에 대한 믿음으로 선순환되는 것은 자명하다.

나이 든 것도 서러운데 이제 겨우 먹고살 만해지니 옆으로 밀쳐내는 듯한 사회에 대해 울화가 치밀 수도 있다. 그렇다고 반말로, 큰 소리로, 잔소리와 불쾌한 농담으로, 자기 자신의 언어 품격을 낮추지 말자. 존중하는 언어를 쓴다면 당신도 그에 맞는 언어로 존중받을 것이다.

No. 3 중언부언하지 말자

간결히 소통하자. 공감하자. 아무리 좋은 말도 길게 하면 싫어한다. 20초 이상 넘기지 말자. 최근 한 기사에 따르면 사람들은 다른 사람이 말할 때 한 번에 20초가 넘어가면 집중력이 흐려진다고 한다. 20초 안으로 내 말을 하면 상대방이 말할 수 있도록 대화의 주도권을 넘기자. 자연스럽게 말할 때 의미 있는 중점 단어를 구성하여 말할 수 있게 될 것이다. 20초 내로 간명하게 말하자. 더 말하고 싶을 때는 조금 참고 상대에게 말하라고 주도권을 넘겼다가 내 차례에 다시 말하자.

실버의 특징 중 하나는 잔소리가 점점 많아진다는 점이다. 이 잔소리는 가족이나 지인 특히 젊은이들에게는 짜증과 고통을 안겨주는 이유가 되기도 한다. 상대에게 꼭 필요할 때 필요한 내용을 전달하는 말은 울림 있는 조언이 되지만 잔소리는 간섭이다. 소통이란 상대와 공감대를 형성하는 일이며 유익함과 깨달음을 주는 일이다. 이를 벗어나면 잔소리로 들리고 오해를 받기 십상이다.

했던 말은 반복하지 말고 이미 잘 전달되었다고 믿자. 받아들여지지 않았다면 상대에게 그다지 중요하지 않거나 필요치 않은 말이었을 가능성이 크다. 중얼중얼하기 보다 분명하게 말해야 의미를 전달할 수 있다. 분위기를 살려 보겠다고 뼈 없고 속없는 말을 내뱉지 않도록 주의하자.

서로 다름을 인정하고 누구에게든지 감정이입을 하지 않는 실버로 스트레스 받지 말며 살자.

03

젊은 세대에게 양보를 요구하지 말자

지하철이나 대중교통 이용 경우 젊은 층 앞에 서지도 말고 경로우대 좌석으로 가자. 아직 서 있을 만한 체력 있으면 좀 기대거나 서서 가자. 너무 힘들면 경로우대석에서 양보를 요청하자. 끼리는 통하니 말이다. 젊은 층도 하루 종일 고된 날을 보내고 있다. 일하랴, 상사 눈치 보랴, 집안 걱정하랴, 겨우 지하철 자리 앉아 좀 쉬려 하거나, 책 좀 보려는데, 편하게 그대로 두자. 우리 손자이고 자녀이다.

등산지팡이가 호신용이 아니면 조심히 간수하고 배낭에 메고 다니자. 뾰족한 부분이 여기저기 사람을 치고 보기에 흉기처럼 나와 있어 보는 이들이 불편하고 불안하다. 지팡이 꼽고 이리저리 몸을 돌리지 말자. 사고 나면 그렇게 난처할 수가 없다. 사고보다 서로를 위하는 태도가 우리 실버들을 스스로 지키는 방법이고, 사회의 한 시민으로 이질감을 주지 않을 것이다.

불필요한 흔듦과 이상한 소리내지 말자

사람들 앞에서 행동의 움직임에 의한 신음 같은 소리를 가급적 내지 말자. 나이 든 노년의 특징 중 하나는 앉았다가 일어날 때, 차를 타고 내릴 때 그리고 몸을 많이 움직이거나 동작이 바뀔 때 자신도 모르게 "아이고" 소리가 저절로 터진다. 어쩔 수 없는 현상이지만 젊은 층이 이를 어찌 알랴? 공공시설에서 큥큥거리지 말자. 특히 사우나 등 대중시설에서 불필요한 소리나 음성을 될 수 있는 대로 내뱉지 말자.

공공장소에서 과한 몸동작은 삼가자. 지하철에서 턱걸이하지 말자, 벽에 등을 탕탕 치지 말자. 무릎 굽히기 가급적 하지 말자. 몸이 불편하고 아픈 상태에서 몸을 흔들거나, 스트레칭을 하는 것을 누가 문제 삼겠는가? 그 외 습관적으로 몸을 좌우로 끝없이 흔들어 대고 고개를 상하좌우로 흔드니 근처에 있는 사람은 참으로 민망하다. 이는 민폐다. 우리가 젊을 때는 그러하지 않았다. 스스로 행동을 제어하는 뇌를 움직이자. 그리고 불필요한 소리와 사람들에게 피해를 주는 몸동작 등을 컨트롤하고 보다 나은 정신과 육신을 다시 거듭나게 하여 중년의 품위를 세우자.

스스로 서두르거나 급하게 생활하지 말자

조급한 자는 궁핍함에 이를 따름이니라. [성경 잠언에서]

중년의 과거 삶과 한국적 문화의 특성 중에는 '빨리빨리'라는 행동적 태도와 문화가 깊숙이 내재하여 있으며 오죽하면 외국 사람들도 우리나라 사람을 만나면 한국말로 '빨리빨리'라고 말하기도 하니 이 얼마나 깊은 뿌리인가. 이는 좋고 그름의 문제가 아니라 우리 대한민국의 특성이다. 그렇지만 중년 혹은 노년에 들어서서 조급한 마음은 자칫 부정적 결과를 초래하기도 한다.

조급한 마음가짐으로 결정을 내리면 실수할 가능성이 높아지고 잘못된 판단으로 인해 손해를 입을 수 있으며, 비합리적인 거래를 하거나 잘못된 시기에 투자하는 등의 사건이 발생할 수 있다. 건강 측면에서도 조급함은 스트레스를 유발하고 건강에 해를 끼치고 간혹 다른 사람들과의 관계를 손상할 수 있다.

급하면 건강도 해칠 가능성이 높아 죽음도 빨리 올 것이다. 급한 마음은 사망의 친구라 생각한다. 여유 있는 마음과 준비 그리고 결정과 소통이 모든 과정에서 천천히 진행하자. 중년이 좀 늦는다고 심하게 탓할 사람은 많지 않을 테니까.

고집스러운 비판은 꺼내지도 말자

상대방의 말에 고집스러운 비판은 스스로 꼰대라 말하는 것과 같다. 특히 젊은 사람들의 가치관이나 행동을 꺼리거나 배척하는 대화는 하지 말아야 한다. 과거에 몰입해 스스로 옳다고 생각하며, 다른 사람들의 의견이나 관점을 존중하지 않을 수 있으며, 현대적인 가치관이나 문화적 변화를 싫어하는 경향이 있어 시대착오적인 태도를 보이지 않아야 한다. 이럴 때의 비판은 갈등만 유발하고 상대의 감정까지 상하게 하여 다시 회복하려면 상당한 노력과 시간이 필요하기 때문이다.

04
꼰대란 없다 꼰대짓이 있을 뿐이다. 경청하고 공감하자

이건 Yes! 들어주기

요즘 젊은 사람들은 어떤 생각을 하고 사는지 그들의 얘기를 들어주자. 그리고 그들의 이야기에 공감해 주다 보면 마음의 벽이 조금씩 허물어지는 것을 경험하게 된다. 젊은 사람들의 고충도 이해해 주면서, 진심으로 믿어주고 응원해 보자. 나이 많음을 벼슬로 여기지 말고 대접받기를 원하기보다는 나도 저들과 똑같은 사회 구성원이라는 인식을 두고 배려하는 실버가 되자. 그렇다면 어떤 세대와도 무리 없이 소통하는 삶을 살 수 있다. 젊은이들의 지식을 듣고 배우며 귀를 열고 마음에 새기자. 그들의 말을 이해하고 배우고 노력하자.

젊은 층이 말실수했을 때, 우리의 생각과 다를 때, 이치에 맞지 않을 때, 그때가 꼰대인지 어른인지 드러나는 진실의 순간이다. 그 순간 입술을 닫고 말을 뱉지 말아야 한다. 마음속으로 젊은이가 저런 말을 한 이유를 이해하려 하고 이해해야 한다.

절대 중간에 말을 끊고 "아니야 틀렸어." "내가 생각하기엔." 이런 말하지 말자.

지식이 부족하여 실수할 수도 있고, 말을 실수하거나 조리 있게 설명을 못할 수도 있고, 어떨 때는 조금 과장된 어투로 할 수 있으니 말이다. 청중의 관점에서 그저 들어주고 또 친구처럼 공감하는 태도를 보이는 모습이 대화의 진실을 가져오기 때문이다. 젊은 친구와 같은 대화 공간에 있다는 사실이 중요하다.

그러니 중년인 우리의 역할이 무언가? 분명하다. 친구처럼 들어주고 어른처럼 지혜롭게 경청하는 모습과 태도를 보여주는 일이다. 젊은 친구

가 물을 때, 조언 구할 때, 자기의 말에 실수가 있는지 물을 때

앞서 알아본 것처럼 짧게 사실 중심으로 20초간만 말해주자. 또 물어보면 또 20초만 답하자. 그리고 간결하게 "나에게 말해주어 고맙다."란 말로 마무리하자.

경청하고 공감하기에 빌 게이츠, 멜린다 게이츠의 역지사지(易地思之)

세계 부자 순위 1위 마이크로소프트사 빌 게이츠의 '아내'에서 세계 최대 자선단체의 '공동의장'으로 변신한 멜린다 게이츠 여사 이야기다. 남편 빌 게이츠와 함께 350억 달러(41조 7천억 원)를 기부하고 '진짜' 빈곤과 질병 원인을 찾아 전 세계의 '현장'을 다녔다. 거슬러 올라가 보면

1993년 약혼을 기념해 아프리카로 여행을 떠나는데 그곳에서 멜린다는 자신의 인생을 송두리째 바꿀 비통한 빈곤의 현장을 마주하고 목격한다. 뜨거운 뙤약볕 아래서 신발도 신지 않은 채 아이를 안고 업고, 장작더미까지 머리에 이고 먼 길을 걸어온 엄마의 모습. 어떤 마을을 지나든 똑같은 상황이 계속되는 것을 보고 멜린다는 "왜 그들의 삶은 이런 모습일 수밖에 없는가?" 묻고 또 물었다고 한다.

아이에게 백신을 맞히기 위해 약 20km를 걸어와 줄을 서는 어머니들의 모습이 경이로웠던 멜린다는 벅찬 마음으로 줄 중간에 서 있는 한 어머니에게 물었다.

"이 예쁜 아이에게 주사를 맞히러 오신 건가요?"

여러 이야기가 있지만 중요한 사실은 멜린다가 그 어머니들의 말을 진실하게 듣고 공감하며 그들을 위해 무엇을 할 것인가 다짐하고 실천에 옮겼다는 것이다.

'내가 저 아이의 엄마로 태어났다면 나는 무엇을 해야 하는가? 설사약 한 알, 분유 한 통, 백신 한 병이 없어 죽어가는 아이의 엄마가 바로 나라면, 세계적 소프트웨어로 인류의 역사를 변화시켰지만, 죽어가는 아이를 바라보는 저 엄마에게는 무슨 소용인가?'

보고 단순 연민의 정을 넘어서 '내가 저 여자라면! 내가 저 아이로 태어났다면'이라고 상대의 입장에서 환경에서 바라보고 듣고 경청하는 멜린다 게이츠 여사가 오늘 우리에게 귀감이 된다.

젊은 층의 이야기를 들을 때 우리의 지식과 경험은 마음의 냉동고에 보관하고, 조언을 부탁할 때만 짧고 지혜를 담아 팩트에 기반한 경험담으로 간결히 답하자. 들어주기 하면서 젊은 세대들과 공유의 폭을 넓혀 가보자. 이는 우리에게 이로움이고 새로운 세계를 발견할 수도 있기 때문이다.

요즘 젊은 층들이 좋은 세상을 만나 행복하다고 생각할 수 있지만, 반면에 포기와 희망이 없는 가여운 세대라고도 한다. 잘사는 부모에게서 태어났거나, 좋은 직장을 다니거나 멋진 전문직 소수를 제외하면 대부분 힘들게 사는 세대이다. 힘들게 포기하니, 분노도 쌓이고 SNS 등에서 갈등으로 표출되기도 한다. 완전한 해결책은 당장 보이지 않는 사회구조이다. 우리 기성세대 즉 어른층은 앞장서 마음을 어루만져 줘야 한다. 이들이 우리의 미래이기 때문이다. 나의 자식이고 손자이기 때문이다. 꼰대인 사람은 없다, 꼰대짓을 하는 사람들이 있을 뿐이다.

05

소통이 없으면 치매는 높아지고 뇌는 줄어든다

가족, 친구, 지역사회와 상호작용하기

이미 소통의 중요성에 대해 여러 페이지를 서술하였다. 여기에서는 신뢰도 높은 연구 결과들을 중심으로 소통이 노년기에 특히 중요함을 밝히겠다. 영국 유니버시티칼리지런던 임상 교육·건강심리학 연구팀과 루팔 데사이 박사는 유라시아 대륙에 55세 이상의 2만 1,666명을 대상으로 표본조사 하여 1인 가구와 치매 사이의 상관관계를 연구했다. 동거인과 함께 사는 사람보다 혼자 거주하는 사람이 치매 걸릴 확률이 30% 높게 나왔다. 타인과의 소통이 적어지면 뇌의 인지 기능에 악영향을 준다고 발표하였다. 연구를 진행한 루팔 데사이 박사는 치매 발병의 증가가 사회적 관계의 단절로 인해 증가한다고 평가하며, 사회적이고 신체적인 활동을 유지하는 게 중요하다고 말했다. 1인 가구 비율이 높아지고 사회와 이웃과 소통이 단절되면서 60대가 치매나 다양한 정신적인 문제로 인해 고통받는다는 현실이 안타깝다.

사회적 고립과 건강 간의 관계는 성별, 나이, 지역을 불문하고 여러 연구를 통해 입증됐는데. 특히 독거, 소득 감소, 건강 악화와 같은 부정적이고 갑작스러운 변화를 맞는 노년층에게는 심각한 일이다. 관련하여 최근 주목할 만한 연구가 국내 연구진에 의해 발표되었다. 고려대 보건과학대학 보건정책관리학부 김진호 교수는 캐나다 맥마스터대 박금령 박사후 연구원과 노인의 사회적 고립이 인지기능에 미치는 단기간, 장기간 영향을 규명하였으며. 노인학 분야 저명 학술지 Aging & Mental Health에 논문을 게재했다. 중년과 노년 1만 254명을 대상으로 12년간 추적해 사회 참여와 노인의 인지기능 변화를 분석했다. 사회 참여에서 지속해서 소외될 때 최소 6년에서 최대 10년 이상 부정적인 영향을 미쳤다. 사회 참여가 더 활발한 소통과 신체 활동을 포함할 때 인지 기능에 도움을 주는 것으로 밝혀냈다. 김진호 교수는 사회적 고립이나 고독사가 치매 발생과 깊은 연결고리를 가지고 있다고 말했다. 국가와 사회가 노인이 더 많이 활동할 수 있도록 다양한 지원과 프로그램을 개발할 필요가 있다고 덧붙였다.

규슈대 연구진은 73세 8,896명의 뇌를 스캔해 사회적 고립이 노년의 뇌 건강에 악영향을 미친다는 연구 결과를 냈다. 규슈대는 해마와 편도체가 수축해 인지력이 떨어지고, 알츠하이머 발병 위험이 증가할 수 있다고 평가했다. 실제로 사회 접촉이 낮은 집단일수록 뇌의 부피가 작아졌다. 사회에 지속해서 접촉한다면 부피가 감소하지 않고 사고력과 기억력 모두 향상되었다. 그러니 실버들은 온오프라인에 관계 없이 정기적인 사교 활동을 통해 대화를 나누고 사회적 연결을 유지하자. 가족에게 일주일에 한 번은 전화로 안부를 묻고, 한 끼의 식사를 꼭 함께 나누자. 시간은 돌아오지 않는다. 친구나 지인들과 취미와 관심사에 따른 사회 활동을 일주일에 한 번은 하도록 노력하자.

멘토 멘티 활동

멘토 멘티 활동을 통해 자기 경험과 지식을 공유하며 후배나 지역 사회의 젊은 세대에게 멘토링을 제공할 수 있다. 반대로 선배 세대나 젊은 세대에게 상담이나 멘토링을 받는 것도 좋다. 고민, 염려, 도전, 취미, 가족 문제 등 다양한 분야에 걸쳐, 혹은 삶에 대하여 용기와 격려, 지혜와 인사이트를 나눌 수 있다. 오프라인뿐 아니라 비대면으로 지식in, 블로그, 밴드, 카페 등 온라인으로도 가능하다.

더불어 지역 사회의 자원봉사 활동에 참여하여 다른 사람들과의 소통의 기회를 얻고, 동시에 사회에 기여하며 의미 있는 생활을 할 수 있다. 지역 향토 해설사, 관광 가이드, 지역 불우이웃 돕기 등 여러 봉사를 함으로써 실버 자신의 존재감을 세우자. 이를 통해 우리의 뇌는 확장되고 활성화되어 치매와 당당히 맞서는 소통의 중심이 될 것이다.

06

아날로그가 필요한 때 – 손 편지, 그림 보내기

손 편지, 글, 그림 보내기

손 편지, 그림으로 대화를 시도해 보자. 글이나 그림으로 표현할 때 말하는 것과 무엇이 다른가. 할 말을 글로 쓰다 보면 좀 더 중요하다고 생각하는 말을 고르고 아닌 말을 쳐내게 된다. 편지를 써 보자. 그럼 내가 상대에게 어떤 진심을 전하고 싶었는지, 몰랐던 내 마음을 알게 될 것이다. 그리고 친구나 가족에게 손 편지나 카드를 보내고 그림으로 그려 전달하는 것은 그 자체로 정성이 담겨 있어 상대의 마음을 열기 좋은 방법이다. 진심을 전하는 공감대 형성의 통로가 될 수 있다.

중년이나 노년에 들어서 누군가와 대화하기가 조금 쑥스럽거나 부담

되는 예도 있으며, 반대로 말 센스가 없어 소통에 문제를 일으키는 일도 있고, 말을 제어하지 못해 전형적인 꼰대, 잔소리꾼이란 말을 듣기도 하며, 상대에 따라 어디에 시선을 두어야 하는지 몰라 곤란을 겪는 사람들이 많다. 이럴 때도 차분한 마음으로 손 편지를 써 내려가 마음을 전달하면 좋다.

소중한 이에게, 혹은 조금 다가가기 어려운 이에게 손 편지나 손 그림을 보내면 호의를 가지고 대화를 하고 싶다는 의미를 전달한다. 상대에 관한 관심의 표현이기도 하다. 글씨체나 문맥 그리고 그림 등은 받는 이에게 나의 정체성을 이미지화할 수도 있어 상대방이 나를 여러모로 이해하는 데 도움을 준다. 누군가에게 소식을 알리고 싶을 때, 불편한 관계를 회복시키기 위하여 진심을 전하고 싶은 사람이 떠오를 때, 누군가에게 위로의 마음을 전하고 싶을 때 바로 연필을 들자. 조금 거칠고 글자체 엉성하고 문맥이 안 맞으면 어떤가. 받침이 틀려도 창피하다 생각 말고 상대에 대한 내 마음을 깊이 그리면서 그대로 상대에게 전달해 보자.

손으로 전달하는 손 편지, 직접 그린 그림과 글은 오랜 여운이 무엇보다도 길게 간다. 말은 아무리 진심으로 한다고 해도 그 순간에만 남을 뿐 오래 간직할 수는 없지만, 손 편지는 보관하고 오래 두고 다시 꺼내어 보며 감동의 순간을 회고할 수 있다. 우리도 받은 손 편지를 메모지 꽂이에 꽂기도 하고 화장대 유리 한쪽이나 냉장고 한편에 자석으로 붙여 수년간 상대와 대화를 하는 즐거움을 회고한다.

그림을 잘 그리는 이는 그림으로 표현하는 방법도 참 좋고 혹 그림 솜씨가 없더라도 자기가 전달하고 싶은 내용을 형상화하여 그려보는 그 행위 자체가 관계에 도움을 줄 수 있다. 받는 이들은 그림 편지를 보는 순간 감동을 확 받을 뿐만 아니라 발신자가 '그리면서 무엇을 생각하면서 전하려 했을까? 그 마음은 어떤 감정이었지? 하면서 상상하고 사실을 이해해 보려 하면서 공감의 폭이 팽창하니 즐거움이 커지지 않겠는가. 보내는 이도 힐링하고 자기만의 표현 방법을 전하니 진심이 담기며, 나아가 나만의 캐릭터, 사인 등도 만들고 표현할 수 있으니, 자족감에 뿌듯해질 것이다.

우리 자신에게 주는 기쁨 즉 덤으로 주는 즐거움이 있는데 직접 손으로 글을 쓰고 상상하고 글씨체를 써가며 느껴지는 아날로그 감성은 따뜻한 마음을 드러내며, 디지털로 근접할 수 없는 대체 불가한 우리만의 리그 아니겠는가? 요즘 각 지역 문화센터 등 여러 곳에서 손 글씨 배우기, 캘리그라피 등 강좌도 많으니 참여해서 새로운 글씨체도 배우고 나만의 장기로 손 편지를 사용해 보자.

07
정신 줄 잡고 살자 – 웰백으로 (Wellbeing 백세)

'노인 한 사람이 죽으면 도서관 하나가 불타는 것과 같다.'라고 아프리카 말리 출신의 작가이자 민족지학자인 아마 두가 1960년, 유네스코 회의장에서 말하였다. 오랜 세월을 살아온 노인이 가진 지식은 도서관에 버금간다는 뜻이며 평범한 노인이라도 그 사람 삶이 하나의 역사가 되어 후세들에게 도움이 된다는 의미다. 하지만 이를 전하지도 않고 기록도 다 하지 못하였는데 정신 줄이 없다면 이 얼마나 허무하고 안타까운 손실인가.

뉴스와 학계의 안타까운 발표를 보자. 중앙치매센터는 치매 환자가 96만 명으로, 65세 이상의 환자가 90만 명에 이른다고 했다. 65세 인구의 치매 유병률은 10.33%가 넘는다. 2024년에는 100만 명을 넘길 것으로 예상한다. 치료비 규모는 21조가 넘는다.

사회적 경비뿐만 아니라 환자 가족의 염려와 보살핌에 대한 스트레스는 말로 표현조차 어려운 현실이다. 또한 자신의 사고와 행동을 스스로 제어하지 못하고, 행복했던 기억마저 잃게 되는 환자의 고통은 무엇과도 견줄 수 없다. 이 글을 읽는 독자나 주변의 모든 중년 및 노년은 정신 있을 때, 얼마나 귀하고 감사한 일인지 돌아보자. 정신 줄을 잡기 위한 방법도 고민해 보자.

뇌 건강과 정신 건강은 서로 떼려야 뗄 수 없는 밀접한 관계를 맺고 있다. 우리의 정신적 건강함이 뇌 건강에 영향을 미치는 이유는 다양하며, 신경과 심리적인 측면에서 이를 발견할 수 있다. 뇌는 우리의 감정, 사고, 행동과 관련이 있는데 정신적인 문제는 이런 뇌 회로의 불균형과 관련이 있다. 특히 스트레스와 감정의 조절은 뇌 기능에 직접적인 영향을 미친다. 정신적인 스트레스에 지속해서 노출된다면 뇌 속 화학 물질의 변화를 일으켜 기억, 학습, 감정 조절 등 다양한 뇌 기능을 해칠 수 있다. 그래서 우리는 눈에 보이는 육체적 삶뿐만 아니라 눈에 보이지 않는 정신과 영혼의 삶 또한 돌봐야 한다. 실버들이 정신 건강과 뇌 건강 간의 상호작용을 이해하고 그 연결성을 강화하는 방향을 깨닫는다면, 우리의 삶은 더 풍요롭고 지속적인 행복과 안정을 찾을 수 있을 것이다. 정신 건강을 튼튼하게 유지하는 방법은 삶 속 작은 실천들로도 가능하다. 지금 바로 실천할 방법들에는 어떤 것들이 있는지 알아보자.

• 정신 줄 잡기 - 최고의 방어는 최고의 공격이다
• 명상, 숨쉬기, 자연 산책, 창작적 표현 등의 본능적, 정신적 활동
• 정서적 안정 취하기
• 전문가 도움받아 정신 뿌리까지 튼튼하게!

최고의 방어는 최고의 공격이다

청춘이 순식간에 지나가 버린 실버. 육신이 늙었다고 정신이 늙는 것은 아니다. 물론 머리카락이 빠지면 돌아오지 않는다는 사실은 알고 있다. 빠진 머리카락은 다시 풍성해지지 않으며 쪼그라든 허벅지 근육은 쉽사리 굵어지지 않고, 빠진 이빨은 새롭게 나지 않으며, 임플란트에 의존해야 함도 안다.

그렇지만 우리의 정신 줄, 지혜 그리고 가족 간의 사랑은 시들지 않고, 잊히지도 아니하며 우리의 육신이 다하는 그날까지 함께 한다. 게다가 나이가 들면 욕구도 준다. 욕구가 스스로 줄어든다는 일은 슬프다. 식사량도, 하고 싶은 일도, 운동량도, 만나는 일도, 육체적 욕구도 줄어든다.

하지만 우리의 열정은 식으면 안 된다. 식지 않는 열정으로 정신 줄 붙잡고 건강하게 살자. 마지막 그날 백세까지.

중년의 정신에는 역사가 있다. 10대 청소년기에는 감수성 많고 머릿속은 온갖 상상과 고민을 하고, 신체는 커지며 친구들과 우정을 아끼며, 학업으로 온종일 고민 했다. 20대, 진로 선택, 부모님으로부터 독립, 책임

감의 형성, 이성을 만나는 설레었던 좋은 시절, 모든 세상을 품을 수 있다는 아름다운 자신감이 넘치던 청춘이 남았다. 30대에는 결혼으로 가족을 형성하고, 책임감이 생겨나며 자녀의 성장과 인생의 새로운 기쁨이 충만하고 생활 안정과 경력 발전으로 앞만 보고 달리던 행복이 남았다. 40대, 중년기로 접어들어 세상을 좀 알 것 같은데 세상은 만만치 않았고, 사춘기 자녀들로 인해 밤새워 고민하기도 하며, 쇠퇴기에 빠져 건강 관리가 더욱 중요해지고 이제 경제적으로 여유가 좀 보이니 자녀들의 결혼 등으로 겪어보지 못한 고민을 하게 되었다. 어느덧 50대가 되고 누구는 은퇴하였으나, 어떤 이는 경제적으로 은퇴 못 하는 직장인, 세상의 이치도 경륜도 있는데 사회는 나를 인정하지 않는다. 갱년기는 어김없이 나에게 다가왔고 친구들과 수다가 큰 위안과 기쁨이 된 50대, 건강에 대해 자신이 없어지고 건강검진의 결과에서 질병은 하나둘 나이만큼 쌓여가니, '이제 늙어가는구나.'를 실감하며 현실을 마주한다. 은퇴 후의 삶, 자녀들을 어떻게 독립시킬까, 고민한다. 그럼에도 불구하고 어떤 이는 청춘의 정신으로 살고 어떤 이는 노인으로 산다. 노쇠해 가는 몸, 수십 가지 고민이 머릿속에 꽉 차 있는 나이가 되더라도 정신 줄도 늙어가야 하는가 아니면 앞글들을 읽고 뇌와 정신 건강을 찾고 활성화하여 정신만은 청춘으로 백세를 살아갈 것인가? 이제는 즐겁고 여유롭고 풍요로운 생활을 살아가자. 백세까지. 웰백하여 (Wellbeing 백세), 적극적으로, 최대의 공격으로 나를 지키자.

가장 불행한 사람은 '원대한 목표가 있으나 행동하지 않는 사람'이라고 한다. 끊임없이 목표에 닿지 못한 채로 살기 때문에 끊임없는 불만감 속에 살기 때문이다. 반대로 문장의 의미를 거꾸로 만든다면 '가장 행복한 사람'이 될 길을 알 수 있다. '구체적인 목표를 가지고 행동하는 사람'이다. 그렇다면 어떤 것이 현실적인 목표 설정일까? 예를 들어 '더 건강해지기' 대신 '매일 10분씩 명상하기'와 같이 명확하고 측정 가능한 목표 세우기가 있다.

하루 10분이 일주일 모이고 일 년이 모이면 그 크기는 불어난다. 이렇게 큰 목표를 작은 단계로 나누어보는 것이다. 최근에 한 젊은 배우 한 명이 자신이 '유명해지기'(큰 목표)를 이루기 위해 10단계의 작은 단계로 쪼개어 실천했다는 얘기를 하여 항간에 큰 공감을 산 적이 있다.

유명해지려면 어떻게 해야 할지 단계를 생각해 보고 가장 가까운 목표부터 실천했다는 것이다. 예를 들어 유명해지려면 인지도를 얻어야 하고, 인지도를 얻으려면 드라마나 영화를 찍어야 한다. 그렇다면 연기 연습을 하고 몸과 정신의 건강함을 유지해야 한다. 그러니 연기 연습은 하루에 1시간, 운동 1시간 하기를 실천한다. 또 주변에 큰 목표를 이룬 사람을 보면 할 수 있는 작은 목표를 꾸준히 하다 보니 저절로 큰 목표지점에 있다는 말을 한다.

지금 어떤 소망을 가지고 있는가? 그것이 멀어 보이는가? 그렇다면 그 소망에 가 닿기 위해 어떤 단계를 거쳐야 한다고 생각하는가? 바로 실천

가능한 일은 무엇인가?

예를 들어 뇌를 자극하는 건강한 연간 목표를 생각해 보자. 해외여행 가기, 새로운 어학 학습, 특정 기술을 배우거나 새로운 취미 갖기 등이 있다. 이 중 해외여행을 가기 위해서 어떤 단계가 필요할까. 필요한 자금을 마련하고 체력을 단련하는 것, 가고 싶은 여행지에 대한 책을 보고 블로그를 참조하는 것, 나만의 여행 경로를 세워보는 것, 예약할 사이트를 찾는 것, 현지 언어를 간략하게 익히는 것 등 세부단계로 나누어 언제 얼마나 기간을 들여 실천할지 정해보는 것이며 작은 단계를 포기만 하지 않고 실천한다면 분명히 큰 목표를 이룰 수 있을 것이다.

그 과정을 통해 얻는 자기효능감은 정신의 건강을 증진한다. 큰 목표 외에도 일상적으로 몸을 움직여서 할 수 있는 소소한 일거리도 생각해 보자. 이때에도 '건강해지기'보다는 '건강 채소 수프 끓이기' '그것을 위한 재료를 구입하고 다듬기'와 같이 구체적으로 세우고 실천한다.

새로운 요리 하나 배워보기, TV 보고 유용한 살림 정보나 요리를 따라 하기, 집 청소하기, 집 대청소가 어렵다면 오늘은 거실 정리하기, 화장실 청소하기 등과 같이 나누는 것이다. 또 화단 가꾸기, 꽃병과 꽃다발 사기, 다육식물 사기, 난초 사기 등 종류를 생각하고 구입처를 알아보고 그곳에 가서 고르고 가꾸는 법을 알아 오기 등으로 나눌 수 있겠다. 동물 키우기, 텃밭 일구기, 책 한 권 읽기, 일기 쓰기, 하루에 1만 보 걷기 등 자신의 환경과 성향에 맞게 '스스로에게 집중할 수 있는' 시간과 공간을 만들어 보는 것도 추천한다.

일상생활에서 크거나 작은 목표들을 세우고 이를 실천에 옮기고 도전하는 과정에서 우리의 뇌를 계속 활성화하고 시냅스에는 반짝이는 불꽃들이 살아올라 실버의 정신 줄을 잡는다. 중앙치매센터에서는 치매 예방 수칙 3.3.3을 권한다.

- 즐길 것 3가지 : 운동, 식사, 책 읽기
- 참을 것 3가지 : 절주, 흡연, 뇌 손상
- 챙길 것 3가지 : 건강검진, 소통, 치매 조기 발견

08
명상하기

명상 등의 정신적 활동

심신을 이완시키는 활동에는 여러 가지가 있다. 대표적으로는 명상이나 요가, 숨쉬기나 멍때리기 등이 있다. 이런 활동은 스트레스를 감소시키고, 감정을 안정시키며, 집중력을 향상해 정신과 뇌의 건강에 긍정적인 영향을 미친다. 이는 뇌 구조 변화까지도 이어질 수 있으며 스트레스 호르몬을 감소하는 효과적인 관리 기술로 알려져 있다. 심신 안정을 도와 뇌의 건강까지 영향을 미치는 활동에는 어떤 것이 있는지 살펴보자.

명상은 정신을 집중시켜 정신적으로 평온하고 집중된 상태로, 몸과 마음을 조절하고 휴식을 취하는 기술이다. 중년도 마음 건강을 위하여 마음 근육을 키워 나가야 한다. 자기를 그대로 인정하고 쌓여있던 좋지 않은 감정을 부드럽게 풀어주도록 한다. 명상은 신체와 정신 모두를 건강하게 하는 통합적 훈련이기도 하다.

명상은 우선 조용하고 편안한 장소를 선택해 가능하면 외부의 방해 요소를 최소화하고, 편안한 자세를 취할 수 있는 공간을 확보한 다음, 바닥에 앉거나 의자에 앉아서 등을 곧게 세우고, 어깨를 펴고, 손을 편안하게 내려놓으면 된다. 자세가 잡히면 깊게 숨을 들이마시고 내쉬기 시작한다. 코를 통해 깊게 숨을 들이마시고, 입을 통해 천천히 뱉는데 숨을 들이마실 때는 복부가 팽창하도록 하고, 내쉴 때는 복부가 안으로 들어가게 한다. 특히 숨을 들이마실 때의 느낌과 내쉴 때의 느낌을 집중하면서 의식해 본다. 여러 생각들이 그래도 떠오르면 그냥 흘러가게 버려두면 된다.

명상은 조금씩 시간을 내어 매일 실천하는 것이 중요하다. 연습할수록 명상이 더 익숙해지고, 더 깊은 수준의 평온과 집중을 경험하게 되어 효과적이다. 조금 더 자세히 보면, 나가고 들어오는 숨을 관찰하며 숨을 고르는 등 숨쉬기에 집중하고 턱과 위(배)와 어깨의 힘을 모두 빼고 배 중심에 힘을 모으면 좋은 자세로 명상할 수 있다.

최근 들어서 기업 차원에서 명상에 관심을 두고 연수원을 개원하고 있다. 경상북도 영덕군 칠보산의 삼성인력개발원은 2만 8,000평 대지에 명상 전용 연수원을 짓고, 삼성 임직원 5만 5,000명에게 명상 교육을 하였다. 명상센터를 만들어 임직원의 마음 건강을 관리하고 행복감을 높여 삶에 몰입하도록 했다.

삼성인력개발원 명상센터 (경상북도 영덕 소재)

숨쉬기 운동, 큰 호흡하기

나이 먹는다고 움츠리지 말자 당당하게 어깨 펴자. 자기 심장과 혈관에 보약이자 생명인 숨쉬기 운동을 정신 줄 놓지 말고 제대로 수행하자. 중년 이후부터 숨쉬기는 몹시 중요한 습관이고 본능적인 운동으로 체득하여야 한다.

끔찍한 데이터를 보면 한국인 사망률 3위 폐질환, 암사망률 1위 폐암, 세계 4대 사망률 폐질환 이 모두 호흡 즉 숨쉬기와 관련 있는 통계이다. 숨을 쉰다는 행위는 우리가 생명을 유지할 수 있는 가장 기본적이고 본능적 행위이다. 습관적으로 하는 숨쉬기 문제를 살펴본 적 있는가? 폐까지 잘 들이키고 있는가 아니면 목 정도에서 멈추는 숨을 쉬고 있는가? 신체나 정신의 긴장감은 숨쉬기에 무의식적으로 영향을 미친다. 짧은 숨쉬기는 뇌와 신체 곳곳에 산소를 잘 전달하지 못하기 때문에 우리는 의식적으로라도 깊은 숨쉬기 시간을 가져야 한다. 깊게 내쉬는 복식 숨쉬기, 들이키고 내쉬는 숨에 '편안하다.'라고 말하며 쉬는 숨, 들이키는 쉼에 어깨나 다리 등 불편한 부분으로 숨을 보내기, 들이킬 때와 내쉴 때 숨쉬기의 양을 균등하게 하고 비슷한 속도로 쉬어 조절하는 숨 등 생각보다 다양한 숨쉬기법이 있다. 적절한 숨쉬기는 긴장을 이완시키고 신체적 발란스를 잡는 데 영향을 준다.

호흡 곤란은 중장년과 노인에게 흔히 발생하는 문제 중 하나이다. 숨쉬기는 우리 몸에 산소를 공급하고 이산화탄소를 배출하는 핵심 기능이므로 올바른 숨쉬기 습관을 지니고 꾸준히 호흡운동을 하는 것은 건강과 호흡 곤란 완화에 중요한 요소이다. 우선 올바른 자세를 유지 하자. 오늘날 대부분의 사람은 자세를 잘못 유지하는 경우가 많다. 특히 휴대폰이나 컴퓨터 앞에 오랫동안 앉아 머리와 어깨 그리고 허리를 숙여서 작업하는 자세, 혹은 날씨가 추워지면 몸을 웅크리는 자세는 어깨가 앞으로 말려 숨쉬기 어려워지고 관련 근육들도 위축된다. 심할 경우 몸의 구조가 변하기도 한다. 따라서 일어나서 몸을 펴고, 등과 어깨를 뒤로 빼는 자세를 유지하는 것이 중요하며 자세를 바로잡으면 숨쉬기가 편해지고 호흡 곤란을 예방할 수 있다.

또 걷기, 수영, 자전거 타기 등의 유산소 운동을 꾸준히 실천하면 호흡 기능과 근육을 강화시켜 호흡 조절 능력을 향상해 호흡 곤란을 예방하고,

호흡 기능을 개선하며 우리 몸의 혈액순환을 촉진해 산소와 영양분을 모든 조직에 공급한다. 많은 사람이 숨을 얕게 들이마시고 빠르게 내쉬는 경우가 많은데 일반적인 들숨과 날숨 외에도 깊게 숨을 들이쉬고 천천히 내쉬는 것이 숨쉬기의 효과를 높이며 건강에 큰 도움을 준다.

중년, 호흡도 훈련이 필요하다

의식적으로 코로 호흡하자. 사람은 나이가 들수록 가슴으로 호흡한다. 복식 호흡을 해야 폐까지 도달하는 산소가 충분해진다. 또한 산소도 충분히 얻을 수 있어, 활성산소 생성도 줄어든다. 복식 호흡은 코로 숨을 깊게 마시고, 천천히 뱉는 호흡이다. 척추가 바르게 설 수 있도록 앉아서 가슴을 펴고 천천히 호흡하자. 배에 공기가 찬다는 생각으로 3초 정도 들이마시고, 3초 정도 기다렸다가, 천천히 내쉬자. 내쉬는 숨은 입으로 자연스럽게 공기가 빠져나가게 하자. 5분 정도 호흡에 집중해 복식 호흡을 하면 정신도 맑아진다.

깊게 들이쉬면 몸의 긴장을 풀고, 스트레스도 완화해 준다. 숨을 쉴 때 가슴으로 쉬지 않고, 배로 보내면, 횡격막이 활발하게 움직여 장까지 자극을 줘 소화를 돕고, 변비 치료에도 도움을 준다. 늘어나 신진대사를 촉진해 체내 노폐물을 원활하게 배출하고 지방 연소를 높여준다.

산책

자연에서 하는 산책은 뇌 건강에 긍정적인 영향을 미친다. 먼저, 신선한 공기와 자연의 소리는 스트레스를 감소하여 정서적 안정을 돕는다. 또한, 녹지와 푸른 자연 속에서의 산책은 시각적으로 안정감을 주며 눈의 피로를 경감시켜 뇌가 휴식하게 한다. 자연 속에서의 산책은 스스로를 돌볼 수 있게 하며 우울증 증상 완화에도 효과적이다. 적절한 운동도 하니 혈액 순환을 촉진하고 뇌에 산소를 공급하여 인지 능력 향상과 노화 방지에도 기여한다. 또한, 자연은 자연스러운 리듬과 패턴을 제공하는데 이는 신경계를 안정화하고 스트레스를 완화하는 데 도움을 준다. 마음과 신체의 균형을 유지하도록 하는 자연에서 활동은 삶의 전반적인 웰빙을 안겨줄 것이다. 일상에서 조금 더 자연 속에 머무르는 습관을 지닌다면 정신적인 안정과 풍요로운 삶으로 이어질 것이다.

미술 및 창작적 표현

미술 및 창작적 표현은 뇌의 창의성을 활성화하는 주요인 중 하나이다. 먼저, 예술 활동은 뇌의 다양한 영역 간 연결을 촉진하여 새로운 아이디어를 형성하고 기존의 사유 경로에서 벗어나게 한다. 예술은 감각적 경험을 통해 직관과 상상력을 자극하여 창의적 사고를 유도하기 때문이다. 또한, 창작적 표현은 문제 해결 능력을 향상하는 역할을 한다. 예술 작업을 통해 예상치 못한 어려움에 대처하고 새로운 관점에서 문제를 바라볼 수 있게 한다. 이는 문제 상황마다 창의적인 해결책을 찾는 것을 도와줄 수 있다. 그뿐만 아니라, 예술은 감정을 표현하고 이해하는 도구로 작용한다. 감정과 창의성은 서로 연관되어 있어 예술을 통해 표현된 감정은 창의성을 높일 수 있다. 특히, 감정 표현은 자아를 발견하고 깊은 자기 이해로 나아가게 하여 마음 건강을 돕는다.

이 외에 음악감상도 뇌와 신체를 이완시키며 심리적 안정을 주고 기분 전환에 탁월하다. 자신의 감정을 더 확장해 이해하게 하며 뇌의 쾌락 중추를 자극한다. 독서 또한 마음을 진정시키고 집중력을 향상하며, 영상물보다 머릿속 이미지 생성을 촉진한다. 새로운 아이디어나 읽기를 통한 장면 유추는 뇌 활동을 활발하게 한다.

이처럼 심신 안정을 돕는 여러 활동을 알아보았다. 명상, 요가, 숨쉬기, 자연 산책, 미술 및 창작 활동, 음악감상, 독서 등의 활동은 모두 외부 자극에 노출되었던 우리 시선을 내부로 돌려 스스로를 살피게 한다. 이런 자기 이해를 통해 마음과 몸이 진정되고 강화되면 뇌는 활발하게 될 것이다.

09
항상 바쁘게 살아야 의미 있는 것은 아니다

정서적 안정으로부터 오는 삶의 풍성함

정신을 명료하게 하기 위하여 정서적 안정은 무엇보다 중요하다. 조급하거나 서두르는 마음과 행동은 이제부터는 버리자. 사회적으로 고립은 심리적인 안정을 저해하고 뇌에 악영향을 준다. 가족, 친지, 친구 등과 만남으로 사회적 활동 유지하자. 많은 사람이 아니어도 좋다. 나의 마음을 터놓을 수 있는 단 한 사람이 있다면 우리의 마음은 안정을 누릴 수 있다. 또 나의 감정을 그때그때 지나치거나 누르지 않고 제대로 바라보고 해갈하는 것도 중요하다. 자책하거나 남을 탓하는 것이 아니라 내가 어떤 관계나 상황에서 느끼는 감정을 잘 느껴보고 인정하자. 소위 멘탈이 강한 사람의 특징이라고 널리 알려져 있는데, 부정적이든 긍정적이든 느끼고 인정하는 일은 자기 존중이기 때문이다. 자신을 존중한다면 타인 또한 존중할 수 있고 이는 건강한 관계 맺기로 나아간다.

한편 부정적인 감정을 계속 유발하는 환경과 자신을 분리하지 않으면 스트레스가 증가한다. 이 외에도 당장 어쩔 수 없는 어떤 관계로 인해 끝없이 괴롭다면 자신에게 정신적으로 폭력적인 상황이 가해지고 있는 것은 아닌지 살펴보자. 그렇다면 용기를 내어 자신을 안전한 곳으로 이동시키자. 어렵다면 주변의 도움을 구하자. 그리고 자존감을 낮추고 스트레스를 유발하는 환경이 무엇인지 인지하여 개선하도록 하자. 어떤 사람은 하루에 2시간은 누워서 이완해야 스트레스가 완화되는 사람도 있고 어떤 사람은 나가서 움직이고 생산적인 활동으로 하루를 채워야 보람을 느끼는 사람도 있다. 무엇이 자기에게 필요한지, 아닌지 생각해 보자.

마지막으로 당장 할 수 없는 거대한 목표보다는 오늘 할 수 있는 것을 하자. 살림, 청소, 화분 가꾸기, 만 보 걷기 등 하나라도 괜찮다. 자기 효능감이 높아지면 저절로 정신과 뇌의 건강은 향상될 것이다.

이처럼 스트레스를 관리하고 정서적으로 안정을 취한다면 사회적 안정감 뿐만 아니라 심리적 건강과 뇌 건강 두 마리 토끼를 잡을 것이다. 이를 통해 무너진 일상을 회복할 수 있을 것이다.

10
전문가의 도움을 받자

전문가의 도움을 받는 일은 자기 존중과 자기 연결을 강화하는 일이다. 전문가의 도움은 정신적인 어려움에 대한 새로운 시각과 대처법을 얻게 한다. 정신과 의사, 심리상담사, 혹은 전문 지원기관을 찾아가서 심각한 문제를 해결하거나 일시적인 트라우마 등을 해결할 수 있다.

누군가에게 스트레스와 어려움을 나누는 일은 지극히 정상적이며 이상한 일이 아니다. 감기에 걸리면 더 큰 병으로 악화하지 않게 치료하듯이 마음 건강 또한 마찬가지이다. 상담을 통해 감정을 처리하는 적절한 경로를 학습하여 다음에 같은 상황에 마주쳤을 때 적용할 수 있다. 감정 조절 능력을 키우고 인지 능력 향상하며 스트레스 감소와 함께 삶의 질을 높이는 데까지 나아간다. 필요하면 적절한 약물 치료로 인해 뇌 활동 및 화학물질 균형을 개선하여 정신적 안녕을 도모할 수 있다.

현재 지속해서 스트레스를 받는 일은 무엇인가? 예민해지는 때는 언제인가? 스스로 해결할 수 없이 누르고 넘어가는 것이 있다면 적극적으로 전문가와의 상담을 고려해 보자. 마음의 건강은 뇌의 건강, 나아가 일상의 평안을 좌지우지하는 '키(key)'이니 말이다.

4장

젊은층과 소통하면 디딤돌 어른의 권위가 생긴다

선인장 호텔, 사와로

미래는 계속 태어나 자라나는 젊은이들의 무대이므로 어른들은 그들이 가고자 하는 길의 디딤돌인 웰백(well-백세)인이 되면 얼마나 값진 인생일까!

미간 로이드의 '선인장호텔'을 읽어보면 뜨거운 사막의 하루, 새들과 동물들이 먹이를 찾다 지치면 거대한 선인장으로 와서 쉰다. 이 선인장이 사막의 호텔 사와로이다. '선인장 호텔'은 사실적인 묘사로 자연 다큐멘터리를 보는 듯하여 자연스레 독자들의 관심을 자연으로 몰입하게 한다. 선인장의 일생을 통하여 어른들에게는 삶의 여정에서 후대를 위하여 어떤 역할을 하고 살아가야 하는지에 대한 감동을 주고 있다. 책의 줄거리는 다음과 같다.

뜨겁고 메마른 사막! 사와로 선인장에서 열매 씨 중의 하나가 운 좋게 사막 쥐의 수염에 붙어 팔로버드 나뭇가지 옆에 떨어진다. 건조한 사막에 비가 내리고 아기 선인장은 피어난다. 하지만 뜨거운 여름과 혹독한 추위가 닥쳐오지만 팔로나무 그늘의 도움으로 쑥쑥 자라간다. 수십 년이 지나 엄마만큼 키가 자라고 처음으로 꽃을 피우니 벌, 새 그리고 박쥐들이 끊임없이 꿀을 먹으러 왔다.

꽃이 지고 열매가 맺히니 이를 먹으러 딱따구리가 오고 둥지를 짓고 눌러앉는다. 딱따구리는 보금자리를 얻으면서 선인장에 기생하는 해충들을 잡아먹으니, 병으로부터 선인장은 피할 수 있었다. 더욱더 성장하여 엄마보다 키가 훌쩍 큰 선인장에 올빼미, 흰 줄 비둘기 등 선인장호텔 손님도 많아져 갔다. 풍성하던 선인장 호텔도 마지막 날이 오고 만다. 노쇠하여 바닥에 쓰러지니 그 밑으로 낮은 곳을 좋아하던 개미, 흰개미, 전갈, 지네, 도마뱀 등이 새로운 투숙객으로 들어와 새로운 삶을 살아간다.

사와로는 자기 몸에 보금자리를 마련한 동물들을 보호해 주고, 동물들은 선인장 몸에 기어다니는 해충들을 잡아먹어 선인장이 병에 걸리지 않게 하였으며, 한 동물이 나가면 다른 동물이 들어오는 선인장 호텔은 방이 비어 있을 때가 없었다.

누구도 부모의 도움 없이 혹은 양육자 없이 홀로 세상을 이기며 살아온 사람은 어디에도 없다. 지혜로운 나이 든 우리가 늙었다고, 돈벌이가 없다고 하여 후세를 향해 무심하게 살아가는 것은 참으로 무미건조한 여생을 스스로 만들고 있다. 마지막 날 이후에도 많은 생물들에게 보금자리를 내어주는 선인장처럼 지금도, 미래도, 마지막 날 이후에도 젊은 후세들에게 디딤돌 되고 보금자리를 내어주는 웰백인으로 살아가면 얼마나 값진 인생 아니겠는가!

그뿐 아니라 젊은 세대들은 나라 경제를 영위하게 하며, 사회 보장을 든든하게 만들어줘, 병든 우리의 진료비를 내어주는 청년 딱따구리가 아닐까!

01

집 청소와 위생은 소통의 관문이다

집 청소는 내가 안 해도 누군가 해주겠지, 생각하면 안 된다. 오히려 누군가가 바로 나 자신이라 생각하면 즐거워진다. 집안이 더러우면 그냥 냄새나는 노인이 사는 집이라 알리는 것과 같다. 나는 '중년, 노년의 냄새가 안 날 거야.' 생각하면 할수록 사람들이 멀리 떨어진다. 손주도 가까이 오지 않을 뿐 아니라 젊은 층은 우리를 피하게 된다. 소통의 기회조차도 박탈된다. 더러운 집은 나를 비롯한 모든 이에게 불쾌함과 스트레스를 유발하는 반면 깨끗한 집은 편안하고 안락한 분위기를 조성하여 스트레스를 감소시킨다. 아울러 집 안이 청결하고 위생적이어야 건강을 유지할 수 있는데, 만약 먼지, 곰팡이, 박테리아 등이 집안 곳곳에 있으면 호흡기 질환과 알레르기 반응 등을 유발하여 건강을 해칠 뿐 아니라 퀴퀴한 냄새까지 난다. 또한 나이가 들수록 몸이 둔해지고 감각이 무디어져서 주변에 쓰레기나 물건이 널려있으면 넘어질 위험이 커져 부상을 초래하기도 한다. 깨끗한 주방에서 요리하며 잘 정리된 거실에서 생활하고, 청결한 침대는 수면을 취하면 삶의 만족도가 높아진다.

집 청소는 하루 한 번 청소기 돌리고 물기 있는 걸레로 꼼꼼히 닦아주면 청소 끝이다. 요령은 구석을 먼저 쓸고 닦고 넓은 공간으로 순서를 정하면 보다 쉽고 효과적이다. 집 청소는 일상적이라 하더라도 근육을 사용하고 유연성을 유지하는 데 도움이 되어 건강을 유지하고 기능을 개선하는 효과도 크다. 더불어 집 청소를 스스로 수행하는 것은 자립적으로 생활할 수 있는 능력을 유지하는 일이며 자기 돌봄 능력을 배양하는 일이다. 이를 통해 노년이 될수록 자신감을 가질 수 있다.

요리 후 냄새가 진동하면 항상 환기를 30분 정도 시켜야 하고, 신발 등에서 냄새가 나면 신발장 근처에 가면 불쾌함이 커진다. 요즘에는 근처 무인 빨래방이 많이 있으므로 이불 빨래를 할 때 옆에서 신발 세척도 하면 된다. 상식으로 신발에 10원짜리 동전 같은 종류를 넣으면 냄새가 제거된다고 한다. 유튜브 등 여러 앱을 들어가 보면 청소의 달인, 청소 귀재, 정리의 고수 등 많은 동영상, 자료들이 널리 퍼져 있으니 쉽게 참고가 되고 배우기도 수월하다.

중년이 들고 노년이 되면 자연스레 우리 사람의 몸에서는 냄새가 나는

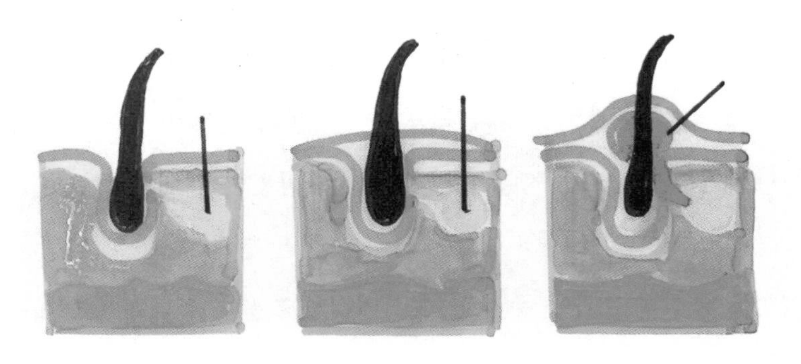

'노넨알데히드 지방산 생성과정

것은 자연 생리적 현상이다. 그런데 누구는 냄새나고 누구는 심하고 어떤 이는 냄새가 나지 않는다. 생리적으로 살펴보면 중년이 되어서는 나이에 피부 세포가 죽어 땀구멍 같은 곳에 쌓이는데 노네날 혹은 노넨알데하이드 지방산이라는 노폐물이다.

젊을 때보다 지방 분해 속도가 느려진 중년 이후에 누구에게나 있는 피지라 보면 된다. 모공과 피지샘에 지방산이 쌓이고 이 지방산이 분해되지 않으면 노넨알데하이드 산이 되어 시간이 지나면 식용유 썩은 것과 유사한 냄새가 난다. 질병 차원에서는 우리의 몸 어딘가가 좋지 않으면 냄새가 나는데, 냄새가 심하면 간이 좋지 않다던가 당뇨가 의심되거나 장에서 활동 장애가 있을 수 있다. 이는 치료를 받기 전에는 냄새가 사라지지 않는다. 무엇보다도 몸에서 냄새가 심할 경우 먼저 병원을 찾아 의사에게 진찰받아 치료하는 게 시급하다고 본다.

생리적으로 냄새나는 사람은 목욕할 때 피부를 잘 닦아주어야만 피지가 빠져나와 청결을 유지할 수 있다. 가끔은 물속에 들어가 몸을 불린 다음 타올로 살살 문지르면 효과가 높다. 견과류의 적정량 섭취는 몸에 노넨알데하이드가 쌓이는 것을 예방하며, 비타민 C가 들어간 항산화 제품을 몸에 바르면 효과가 좋다. 나이 들수록 집안 청결, 자기 몸 위생은 소통에서도 긍정적 효과를 주기도 하고 멀리하고 싶은 중년과 노년이라는 소리를 피할 수 있다.

02
품위는 말에서 나오고 말은 마음이다

유순한 대답은 분노를 쉬게 하여도 과격한 말은 노를 격동하느니라
지혜 있는 자의 혀는 지식을 선히 베풀고 미련한자의 입은 미련한 것을 쏟느니라
사연을 듣기 전에 대답하는 자는 미련하여 욕을 당하느니라 [성경 잠언 중에]

말이 씨가 된다. 말 한마디가 천냥 빚을 갚는다. 말은 자기 마음의 표현이다. (격언 중에서)

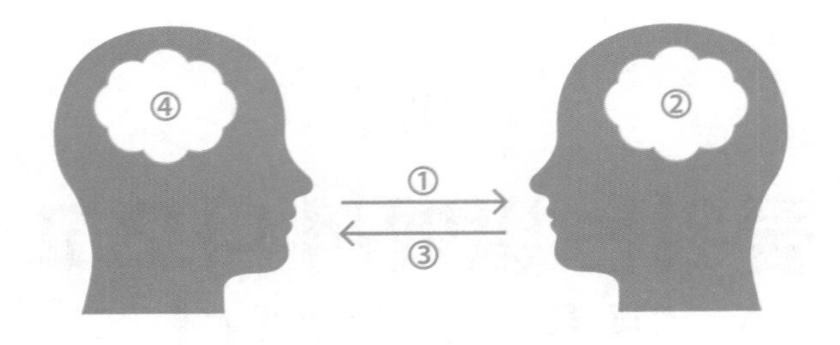

① 내가 말을 할 때는 생각한 것/마음에 품은 것을 내뱉음
② 상대는 들으면서 내용/말투/표정/제스처를 보고 받음
③ 상대도 들은 내용 등 생각한 것/마음에 품은 것을 내뱉음
④ 나도 들으면서 내용/말투/표정/제스처를 보고 받음

위 그림에서 본대로 대화가 오고 갈 때 말의 내용, 말투, 표정, 제스처 등을 보고 듣고 느끼면서 대화하는데, 이는 오감과 감정 그리고 마음이 총동원되는 과정이라 볼 수 있다. 말의 이면에는 무엇이 있을까? 당연하게도 평소 상대에게 품고 있던 자신의 마음과 감정이입이다. 이 과정에서 서로의 인격과 품성이 드러나고 교차가 일어나면서 소통이 이루어진다. 상대에 대해 긍정적, 부정적, 즐거움, 불쾌감, 신뢰, 실망 등이 인식되고 그 사람을 평가하고 기억 속에 저장한다.

정보 전달 측면에서 말은 전달하고 싶은 내용을 잘 정리하여 간명하게 말하면 목적은 달성이다. 목적 달성 이외에 인간은 말을 주고받으며 상대의 품성도 느끼게 되는데 무엇으로 판단하게 될까? 누구나 상대에게 좋은 품성을 지닌 품격 있는 사람으로 인지되기를 바란다. 그러나 불행하게

도 품위는커녕 말은 나와 상대방에게 치명적인 결과를 가져다주기도 한다. 큰 쟁점이 되는 뉴스나 SNS에는 유명인이 말 한마디 잘못하여 여론의 뭇매를 맞는 일은 흔하다. 평범한 우리 누구도 한 번쯤 말실수로 곤욕을 치르거나 오랜 기간 후회하는 때가 많다. 후회 없는 삶을 살기 위해서는 무엇보다 '말조심'해야 한다.

말이 후회로 돌아온다면 그 말은 입을 통해 나오지 말았어야 하며 말하기에 앞서 생각하고 멈추었어야 한다. 즉 내뱉기 전 기회가 분명히 있기 때문이다. 자신을 어떻게 표현하느냐, 구사하는 말이 어떠냐에 따라 우리의 품격이 결정된다. 저자인 우리 둘의 경험(대학, 기업체, 공기관 강의, 기업체 컨설팅, 코칭, 공동체 생활 등)에 빗대어 통해 중년의 품격 있는 말에 대해 몇 가지를 정리해 본다.

말로 드러나는 품격은 지켜야 할 사회적 질서와 규범 그리고 상대와의 무한한 공감을 전제로 한다.

① 품격을 얻는 말

상대방을 마음 깊이 존중하고 관심을 보여주는 진심 어린 모습 그리고 배려 깊은 말투는 품격을 가져다준다. 더불어 내용이 정확하면 신뢰가 더해진다.

② 먼저 듣고 또 깊이 생각하고 상대의 입장을 고려한다

경청을 넘어 공감하는 진실한 마음으로 내 마음부터 정리해야 한다.

마음이 정리되지 않으면 경솔한 말이 튀어 나가고 후회가 이어진다. 말할 때 한 박자 쉬고 입을 떼자. 속도가 모든 걸 집어삼킨 시대에 말은 좀 늦어도 된다.

③ 낄끼빠빠(낄 때 끼고 빠질 때 빠지는 매너를 말하는 말)

말해야 할 때와 침묵을 지켜야 할 때를 분별하는 것은 가장 어려운 부분이지만 반드시 지켜야 하는 덕목이다. 아무리 내용 좋고, 말투가 매너 있어도 눈치가 없으면 가벼운 사람으로 비친다.

④ 누설과 비밀언약

침묵도 말이다. 우리 입은 '발 없는 말이 천리 간다.'는 속담처럼 비밀을 지키기 어려운 성향을 가지고 있는 것 같다. 상대에게 들은 말을 다른 이에게 전달하는 우리의 말은 '침묵'이란 말로 막아야 한다. 우리의 최소한의 양심이 품격을 지켜줄 것이다.

⑤ 민감한 질문, 집요한 질문, 파고 또 파는 사람에게는 삼십육계(三十六計) 줄행랑

주변을 살펴보면 꼬치꼬치 묻고 또 묻는 이들이 의외로 많다. 질문에 답하면 "왜 그런데?" 하고 불필요하게 깊이 물어보는 상황에 있다면 참 곤란하다. 상대를 배려도 해야 하고 적당히 거절도 해야 할 때는 슬

쩍 핑계를 대고 그 자리를 떠나라. 결국에는 서로에게 도움이 된다.

⑥ 말에도 맛이 있다.

"입맛 떨어지게 말하네." "참! 말을 이쁘게 하네." "말 참 감칠맛 나네." 맛이 있는 게 분명하다. 어떻게 하면 맛있는 말을 전할까? 무엇보다도 상대의 마음을 읽으려 하는 말을 해보자. 퇴근하면서, 외출해서 늦게 들어올 때 " 늦어서 미안해." 보다는 "여보! 기다리게 해서 미안해." 또 집에서 물건을 가져다 달라고 말할 때 "목말라, 물 좀 갖다줘."보다는 "당신이 주는 물은 내 마음마저 시원하게 하는 생명의 사랑이야." "난 지금 당신의 생명수 한 컵만 있으면 돼." 가정이나 밖에서 어디에서 누구와 대화하든지 말로 화를 만들지 말고 신뢰를 주는 품격 있는 중년으로 기억되자.

03
젊은 층 시각을 따라가자

자녀, 손주들 음식도 알고 살자

마라탕 버블티 다이소 코스를 따라가 보자. 젊은 세대인 손주들은 자신이 원하는 것을 선택하는 즐거움을 알고 있다. 버블티를 마시러 가면, 다양한 토핑으로 올리고, 당도에 얼음까지 선택한다. 마라탕도 매운맛을 즐길 뿐 아니라, 다양한 재료를 넣는 즐거움 때문에 먹는다. 채소, 두부, 처음 보는 중국 식재료까지 무수히 많은 조합으로 마라탕을 만들 수 있다. 일각에서는 내 마음대로 먹는 즐거움이 자유와 연결되어 있다고 평가한다. 늘 '이거 해라, 저거 해라.' 하는 부모님에 대한 소심한 반항이라는 뜻이다. 이런 즐거움은 여러 분야로 확대되고 있다. 음식뿐 아니라 음료

까지 확대되어 메가커피만 가도 엄청난 수의 음료를 볼 수 있다.

알파 세대의 음식도 먹어보고 떡볶이, 순대, 팬시점, 스티커 사진 등 MZ세대 코스도 따라가 보자. "우리 입맛도 아니고~" "우린 그런 거 못 먹어~" "아니 왜 먹어~" "안 먹어도 우리 애들 잘 알지~" 이런 반응 지금 보이고 있을지 모른다. 자기 취향대로 골라서 재료를 조합하고 선택하고 매운 음식에 대해 도전하면서 스스로 드러내고 끼리의 공감대를 형성하는 식문화의 이면에는, 학업에 짓눌리고 풍요롭지만 태어날 때부터 스마트폰을 손에 쥐고 미디어 홍수 속에서 살아가는 세대들의 슬픔이 있다. 생각이 한 방향으로 기운 듯하고 자녀를 낳지 않는 현실 속에서 형제 자매 없이 홀로 성장하는 과정에서 부모의 사랑을 혼자 차지하지만, 한편으로는 외로움도 있을 것이다. 경험과 지혜를 가진 우리들이 아이들을 이해하고 살기 좋은 환경을 만들어 주는 일은 후세에 남길 당연한 의무이기도 하다. 나이와 상관없이 진정한 친구가 되어줄 수 있다. 미국을 보면 노인과 젊은이의 우정을 심심치 않게 볼 수 있다. 그래서 우리는 아이들과 함께 새로운 음식을 먹어보면서, 대화하고 격려하면, 저절로 멘토링이 되고, 지혜가 아이들에게 흘러나가, 어울려 살아가는 사회를 만드는 데 일조할 수 있다.

04

소통의 답은 미스트롯에 있다

15세 소녀 정서주 양은 60대 어르신들을 울리기도 하고 웃음도 준다. 개그를 하는 것도 아니고 오직 노래를 부르는데 말이다.

미스트롯이란

미스트롯은 한국의 대중음악 프로그램 중 하나로 TV조선에서 전통적인 트로트 음악을 현대적으로 재해석하고 다양한 장르와 스타일을 접목해 새로운 음악 경험을 제공하면서 감동과 재미를 선사한다.

좀 더 자세히 보면 미스트롯은 다양한 음악적 스타일과 개성 있는 가수들을 발굴하고 출연시켜 다양한 취미 가진 사람들과 함께 모두가 즐길 수 있는 음악을 제공한다. 음악은 사랑, 이별, 그리움 등 인간의 다양한 상황과 감정을 다루고, 공감을 자아낸다. 가수들의 열정적인 무대 퍼포먼스와 함께 보는 이에게 깊은 감동을 전달한다. 출연자들의 삶과 경험을 공유하면서 시청자들에게 용기를 주고, 희망과 포용의 메시지를 전달하는데, 시청자들과 한 가족 혹은 예전부터 알던 사이처럼 시간과 공간을 공유하기도 한다.

연출적 측면으로는 저자가 보기에 미스트롯은 경연 프로그램이라 가수들이 서로 경쟁하면서 성장하는 과정을 드라마처럼 보여준다. 방송관계자들의 극한 창의성과 기획 그리고 연출은 우리의 눈과 귀 그리고 오랫동안 시청하게 만드는 최고의 선물을 전해준다.

이 경연 프로그램에 출연자 정서주 양, 김태연 양이 있다. 정서주 양은 '겨울의 장미'를 불러 세대를 뛰어넘는 찐한 애잔함, 저리는 감동을 주었다. 김태연 양은 9세 때 가수 장윤정 씨의 '바람길'을 불러 원곡 가수 장윤정 씨의 극찬을 받고, 유튜브 1,000만 뷰 넘는 대기록을 세웠다. 어린 가수들이 천재이고 노래를 잘해서 큰 감동을 주고 새로운 음악 역사를 써 내려가는 중이라 본다.

저자는 새로운 측면을 본다. 50대부터 90대까지 눈물을 흘리게 만드는 마법은 단순 천재 가수를 넘는 무엇이 있을 법하다. 체험해 보지도 않은 사랑 이야기와 이별의 아픔, 나아가 노래할 때 주룩주룩 눈물까지 흘리는 그 감정은 체험하지 않으면 나올 수 없는 모습인데 신기했다. 수년

전 정서주 양이 60대 부부의 죽음 앞에서 부른 '어느 60대 부부의 이야기'는 13살 어린 나이에 두 세대 사이에 놓인 60년을 넘나들면서 감정이입을 할 수 있다는 것을 보여준다. 60대 강원도 인제군 용대리 어르신들이 눈물을 쏟아내고 정서주 양도 감정에 복받쳐 노래를 중단했다. 진실한 감정이입의 힘이다.

세대를 뛰어넘는 공감대가 형성되고 소통을 이어나가는 그 장면들을 보면서 힌트를 얻었다. 미스트롯에 나오는 10대 청소년들과 60대 원로가수가 대화가 되고 서로 끄덕이는 눈빛의 교감에서 우리 사회가 가진 세대 갈등은 어디에도 없었으며, 해결 방안도 찾을 수 있으리라 본다. 젊은 세대들은 열심히 활동하고 중년 세대의 공감하는 시간이 흐를수록 세대 융합이 더 무리 없이 이뤄질 것이다. TV조선 미스트롯 연출하신 분들의 그 창의적이고 인간적 순수 그대로 그리고 잘 계획된 질서의 연출을 사회갈등 해결에 적용하는 날이 오길 소망한다.

05
센스는 통합적 감각, 태도, 행동이다

센스 넘치는 중년이라 부르자

삶을 어떻게 아름답고 풍요롭게 꾸밀 수 있는 태도 중 하나가 센스인데, 센스에 따라 생활의 활력이 높아지고 더욱 건강한 뇌의 주인으로 거듭날 것이다. 어떤 사물이나 현상에 대한 감각이나 판단력이 높은 중년의 탄생은 그리 어렵지 않다. 그러나 대부분 사람은 난 센스가 없이 태어났고 살아왔다고 한다. 센스는 생활하면서 가다듬어지고 스스로 온몸을 통하여 축적되어 자연스레 표출되는 통합적 감각, 태도, 행동이다. 그러므로 누구든 센스있는 사람이 될 수 있다.

일상적 사용하는 센스를 보면, 말하는 센스, 경청하는 센스, 반응하는 센스, 배려하는 센스, 옷이나 패션 잘하는 센스, 예술적 감각 센스, 논리 파악 센스 등이 있다. 센스라는 단어를 살펴보면 남들이 무심하고 무감하여 가치를 느끼지 못하는 점을 가치로 보고 판단하고 평가할 수 있는 감각 혹은 논리이다. 일반적 사람이 보지 못하는 점, 평범한 사람이 대충 넘어갈 만한 포인트들을 자기만의 가치 기준을 확실히 갖고 정리해서 다른 사람이 봤을 때

"무언가 특별해, 있긴 있어, 멋져"란 소리를 듣는 것이다.

센스를 키우는 방법은, 다른 사람이 만들어낸 아름다운 것, 센스가 있는 걸 아무 생각 없이 받아들이지 않고 그게 그 사람만의 어떤 기준을 갖고 만들어진 것인지를 관찰하고 나름의 잣대로 판단하면 센스는 확장된다. 조금 더 구체적으로 살펴보면 상황에 관한 관심을 가지고 상대방이 전달하려고 하는 의미를 이해하려 노력하는 점이다.

자기 경험을 되돌아보며 더 나은 결정을 내리고 상대방이 어떤 감정이 있을지 생각해 보고 그것에 맞게 행동하는 센스를 살려보자. 본 책의 초반 오감 키우기 장과 같이 다양한 감각을 경험해 보고 예술, 음악, 문학 등을 통해 감성을 키워보자. 뉴스, 인터넷, 유튜브 등에 나와 있는 추세 등을 보면 센스는 증가할 것이다.

요즘 미디어를 보다 보면 실버들의 패션계 진출이 심심치 않게 보인다. 더 이상 패션은 젊은 사람들의 전유물이 아니다. 60대 실버 모델은 젊은 사람들의 인기를 얻는다. 젊은 사람들은 실버 모델을 멋지다고 생각

하며 희망을 품는데, "멋진 할머니, 할아버지가 되겠다."라는 꿈을 품은 젊은이도 많다.

실버 모델을 따라 하지 못할 것은 없다. 첫 번째, 매일 운동하고 건강한 라이프 스타일을 갖자. 체력이 올라가고 유연성이 높아지면, 몸이 바로 서 기품이 나온다. 운동을 꾸준히 하고 균형 잡힌 식사를 해 건강한 신체를 유지해 활력을 높이자.

두 번째, 귀찮더라도 피부관리를 하자. 스킨 케어라고 하면 귀찮고, 이 나이에 무슨 케어냐고 하겠지만, 최소한의 자외선 차단제를 바르고 수분을 공급해 활력있는 모습을 보이자. 외모가 전부는 아니지만, 백세까지 가져가야 할 외모라면 가꾸는 편이 좋다.

세 번째, 자기 계발을 게을리하지 말자. 정기적으로 독서하고 취미 활동을 하며 자기 관리에 힘을 쏟자. 50대라면 아직 백세까지 50년이나 남았다. 내면의 아름다움은 밖으로 드러나기도 한다.

네 번째, 자신의 나이와 외모를 받아들이자. 외모는 변해도 마음은 청춘이다. 20대 같은 마음이지만 외모가 변해 스스로 실망하기도 한다. 하지만 변화를 긍정적으로 받아들여, 자신감을 느끼자. 여태 열심히 살아왔으니, 자신감을 가져도 된다. 자신감이 있을 때 비로소 밖으로 밝은 빛이 나게 된다.

특히 뇌 건강이 센스에 있어서 아주 중요하다. 뇌는 센스를 통해 주변 환경을 지속해서 감지하고 이를 토대로 자발적이고 창의적인 행동을 유도한다. 센스가 뇌에 미치는 영향 중 하나는 창의성과 문제 해결능력이 향상하며 뇌와의 조화로운 상호작용을 통해 인간이 주변 환경과 효과적으로 적응할 수 있도록 하는 것이다.

06

디딤돌 통로로 쓰임받고 멘토가 되자

재능기부, 장기 기증, 사회환원, 멘토링 미래세대에게 물려주는 디딤돌 되자

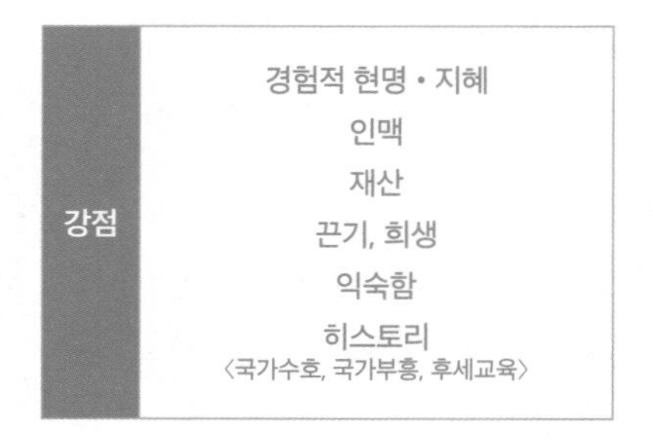

앞서 살펴본 도표 내용처럼 50, 60대는 직업, 취미, 봉사 경험, 전문 지식 그리고 지혜를 강점으로 가지고 있으며, 이를 활용하여 더 젊은 세대

나 지역사회에 공유할 수 있다.

직업적 기부는 관련 중소기업 혹은 자영업자, 학교, 비영리 단체 등에서 파트타임 근무, 멘토링, 교육, 상담, 봉사 등이 있다. 취미, 예술 재능을 발휘하여 소년·소녀 가장, 어르신을 위한 취미, 예술 전시회, 공연, 창작 활동 등을 공유 나눌 수 있다. 인맥을 활용하여 미래세대의 학업, 진로 결정, 비즈니스 창업, 사업상 어려운 점등에도 재능기부가 가능하다.

재산을 기부하면 가난한 사람들이나 소외된 지역사회 그리고 빈곤한 노인 세대들에도 돈이 흘러가게 되니 중년의 전후 세대에 대한 사회적 상호작용과 연대감을 증진하는 데 중요한 역할을 하게 된다. 사회적 발전과 번영에도 기여한다. 더불어 자아존중감과 삶의 만족도를 향상하고 품격 있는 실버의 모습을 주변에 보일 수 있다.

장기기증은 미래세대 아픔을 치유하고 새 생명을 탄생시킨다. 살아 있는데 자기 신체 일부를 기증한다는 생각이 꺼림직하게 느끼는 사람도 있지만 한 번 더 생각해 보면 인간이 세상을 떠날 때 누군가의 생명을 살리고 새로운 삶과 희망이 되며, 기증자를 간절히 기다리는 환자, 가족, 의료진의 간절함을 채워준다면, 귀한 헌신이 아닐 수 없다.

장기기증을 접수하는 기관으로 국립장기 조직 혈액관리원, 한국 장기조직기증운동본부, 한국장기조직기증원, 한마음 한 몸 장기기증센터가 있으며 지원자에는 몇 가지 혜택을 지원한다.

뉴스 기사를 읽던 중 감동을 한 적 있다. 봉사활동 하러 간 병원에서 쓰러진 뒤 뇌사 상태가 된 60대 여성이 장기를 기증해 3명을 살리고 하늘로 떠났다는 안타깝고도 진한 여운을 남기는 아름다운 내용이었다. 60대 여성은 동생의 권유로 여러 곳에서 간호 봉사를 해오다 갑자기 쓰러졌다. 봉사하던 병원 화장실에서 쓰러졌지만, 응급처치를 했음에도 깨어나지 못했다. 비보에 유가족은 놀랐지만, 그녀의 장기 기증에 숭고함을 느끼며 동의했다. 여러 명의 생명을 살리고 떠나니 생명의 존엄성과 숭고한 희생, 헌신을 통해 모든 사람을 감동시키고, 장기기증에 지원하고 도전하는 마음을 준 그녀에게 감사드리고 싶다.

디딤돌 개인 장학회

개인장학회를 만들어 실천하자. 장학회 하면 큰 규모, 장학재단, 이사회, 전 재산 기부라 생각할 수도 있지만 중년과 노년에 접어든 개인의 이름으로 자신만의 장학회를 만들자. 자신만의 마음속에 있어도 되고 목표일지에 기록만 하여도 되는 장학회라 부담이 없다. 출연금 십만 원이면 어떻고 백만 원이면 어떠랴. 마음 가는 대로, 여윳돈 혹은 목표를 가지고 돈을 모아 어려운 학생들에게 기증하자.

중년의 따스함이 스며 들어있는 디딤돌 장학회는 받는 학생에게 큰 위로와 힘이 되며 향후 사회에 나갔을 때 일꾼이 되며, 그 학생도 자신이 받은 만큼 디딤돌 장학회 회장으로 또 다른 후배들에게 희망을 주고 있을 것이다. 우리의 조그만 정성이 선순환되어 사회를 이롭게 하는 중년 세대가 될 것이다.

본 저서의 서두에서 말한 우리 장년, 중년, 실버, 어른이라 통칭한 세대의 수는 실로 엄청나다. 각 그룹은 특색있고 힘이 강하다. 만약 중장년부터 실버가 디딤돌이 되어 젊은 세대에게 도움을 준다면 사회를 변화시키는 밀알이 되고도 부족함이 없을 것이다

젊은 세대를 위하여 우리가 가진 인맥과 정보를 동원하여 내가 조언할 수 없는 질문과 멘토에 대하여 지식과 경험 있는 친구나 선배 후배들을 연결하여 주는 통로로 살아가는 실버! 이 얼마나 맛집 인생이 아닌가?

가르치기보다 깨닫게 하는 멘토링

자기 경험과 지식을 공유하며 후배나 지역 사회의 젊은 세대에게 멘토링을 제공할 수 있다. 반대로 선배 세대나 젊은 세대에게 상담이나 멘토링을 받는 것도 좋다. 고민, 염려, 도전, 취미, 가족 문제 등 여러 활동이나 삶에 대하여 용기와 격려, 지혜와 인사이트를 나눌 수 있다. 오프라인뿐 아니라 비대면으로 지식in, 블로그, 밴드, 카페 등 온라인으로도 가능하다. 더불어 지역 사회의 자원봉사 활동에 참여하여 다른 사람들과의 소통의 기회를 얻고, 동시에 사회에 기여하며 의미 있는 생활을 할 수 있다. 지역 향토 해설사, 관광 가이드, 지역 불우이웃 돕기 등 여러 봉사를 함으로써 실버의 존재감을 세우자.

07

규모파워를 물흘림 섬김과 마중물 조직으로

KOSIS 인구로 보는 대한민국 인구상황판

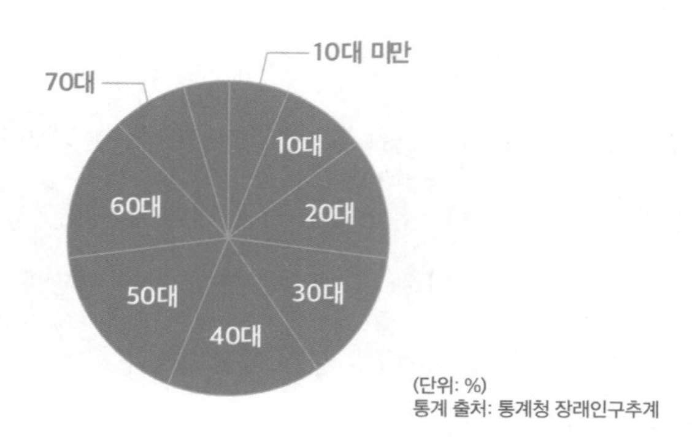

(단위: %)
통계 출처: 통계청 장래인구추계

2024년 1월 현재 대한민국 총인구는 51,751,065명이며 60대 이상 인구는 약 14,130,000명으로 전체인구의 27.3%에 달한다. 해가 갈수록 차지하는 비율은 급속히 확대되는 추세이다.

가구주 연령대별 순자산 보유액

(단위: 만원, %)

		전체	39세 이하	29세 이하	30대	40대	50대	60세 이상
평균	2021년	41,452	25,639	8,590	28,827	43,162	46,666	43,211
	2022년	45,602	26,140	8,483	29,938	46,913	53,473	48,327
	증감	4,150	501	-107	1,112	3,751	6,807	5,116
	증감률	10.0	2.0	-1.2	3.9	8.7	14.6	11.8

2022년 60대 이상 가구주의 평균 순자산(자산-부채) 약 4억 8천으로 50대에 이어 2위에 있다. 나이가 들수록 증여 등이 많아지는 점을 고려하면 60대 가구주로만 보면 50대보다도 많은 자산을 보유하고 있다고 추정할 수 있다.

OECD(경제협력개발기구)에서 발표한 〈한눈에 보는 연금 2023(Pensions at a Glance 2023)〉 보고서를 살펴보면 60대 이상 인구의 자산보유액 규모는 약 7,500조 원으로 연령대 중 가장 높고, 예상 증가율도 가장 높은 수준이며 이미 60대 이상 고령층이 금융권의 핵심 고객군이라고 한다. 대한민국 정치, 경제 그리고 종교계를 이끄는 지도자분들의 상당수가 60대 이상이다. 또 사단법인 대한노인회(대표 김호일 회장)의 주축이 되어 전국적으로 운영되고 있으며 보다 나은 '노인이 행복한 세상', '모든 국민이 함께하는 대한노인회'를 비전으로 노인복지와 사각지대 없는 복지를 위해, 국가와 민족을 위한 사명감으로 적극적으로 활동을 전개하고 있다.

본 바와 같이 인구수, 자산규모, 국가 경제, 학계, 예술계, 정치계, 종교계에서 큰 부분을 담당하고 있는데도 불구하고 꼰대 문화로 비치는 흐름이 있고 세대 갈등도 심각한 수준으로 치닫고 있는 이유는 누구의 탓이 아닌 어르신 세대의 책임이다. 세대가 보유한 역량을 바탕으로 후대들의 성장과 행복한 삶을 위한 마중물 세대(기성세대를 벗어나) 혹은 젊은 층을 섬기는 '힘 있는' 섬김 세대로 변화하자. 국가와 민족에 우리 마중물 세대의 자원을 붓고 선순환 대한민국을 만들며 우리의 지혜가 젊은 층으로 물 흐르듯 흘러가는 소망과 생명의 강을 만들어 주자. 노년이자 사회의 리더들이 이 갈등 사회를 봉합하고 치유해 주기를 기대한다.

5장

백세체력
슬기로운 미래 생활
-웰백으로
(Wellbeing 백세)

우리 몸의 텔로미어를 얼마나 보호하고 살아가는가?

하버드 의대 유전학 교수이며 노화와 장수 분야 권위자인 데이비드 A. 싱클레어와 매슈 D. 러플랜트의 '노화의 종말'에 따르면 운동을 많이 한 사람의 혈구에 있는 텔로미어가 운동을 하지 않은 사람에 비해 더 길다고 한다.

텔로미어는 세포핵 속 염색체 말단부에 붙어서 염색체가 짧아지지 않도록 보호하는 DNA들을 말하는데, 운동을 꾸준히 하면 노화를 늦추는 텔로미어를 보호할 수 있다고 한다. 매일 30분씩 주 5회 이상 달리기를 한 사람은 하지 않는 사람에 비해 10년은 젊은 텔로미어를 지녔다고 한다.

엘리자베스 블랙번(ElizabethBlackburn)과 잭 W. 쇼스택(JackW. Szostak)은 텔로미어가 짧아진 것이 조기 노화 현상을 일으킨다는 사실을 발견하고 2009년 노벨 생리 의학상을 수상했다. 이 연구 결과에 의하면 텔로미어(telomere)는 세포의 수명을 결정 짓는 역할을 하고, 텔로미어가 짧아지는 대표적인 이유는 세포 분열 때문이라고 한다. 더 이상 세포가 분열할 수 없으면 세포가 죽게 된다. 신생아의 세포는 80~90번 분열할 수 있지만 70대의 세포는 20~30번 분열할 수 있듯 세포 분열 능력이 점점 줄어드는 것이다.

운동은 텔로미어 길이를 연장시켜 노화를 늦추므로 조금 빨리걷기, 달리기, 계단 오르기, 벽 잡고 운동하기 등은 숨이 약간 찰 정도로 매일 꾸준하게 해야 효과가 높다. 또 여러 연구자들의 발표들을 보면 운동의 중년 이후 생존을 위해 필수이지만, 과하거나 건강 상태 등에 맞지 않으면 오히려 역효과를 유발하고 질병을 가져올 수 있으니 주의하도록 하자. 텔로미어와 우리 몸의 건강을 보호하기 위해 적합한 운동을 찾자.

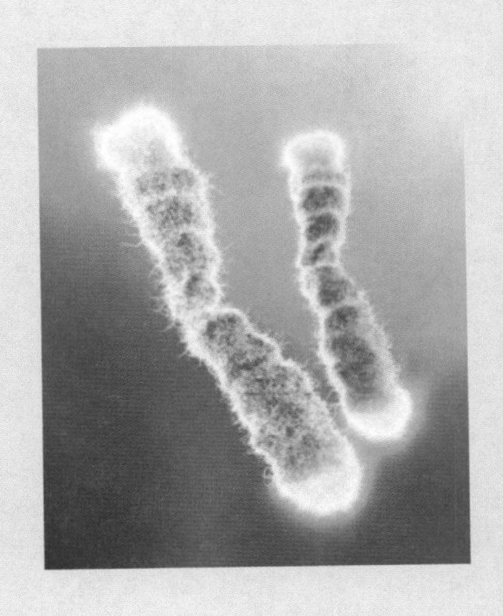

01
건강 선서하기

백 년 건강을 위해 선서하고 선포하기

선서 1

나의 뇌 자극을 통해 100세까지 건강히 살 수 있다는 목표와 도전을 스스로 확신하고 가족과 주변에 선서한다

선서 2

국가와 지역 그리고 가족에 평생 헌신하였으므로 적절한 건강 관리 혜택은 기본적 보장이며 사회적 책임이다

50, 60대들을 책임지는 것은 단순한 도덕적 의무가 아닌, 사회의 안정

과 발전을 위한 필수적인 관계이다. 모든 사람은 존중 받아야 하며, 경제 문화적으로 50, 60대들에게 경의를 표하는 것이 전통적인 가치다. 그들은 지혜와 경험을 가지고 있으며, 이를 후대에 전달할 책임이 있고 다양한 분야에서 활약으로 사회 경제적 가치도 높기 때문이다.

50, 60대들에게 필요한 지원과 서비스를 제공함으로써 사회 전체의 안정과 조화를 유지할 수 있다. 사회보장 체계, 의료 체계, 주거 등의 측면에서 중요한 이슈와 변화에 대비하여 적합한 지원 및 관리 체계를 갖추는 것은 필수적이다.

앞으로 급격히 증가하게 될 노년 인구를 생각할 때 기존 의료 시설로서는 충분하지 못하다. 비용 측면에서도 지역 통합 돌봄이 이루어지는 게 효율적이다. 미국의 한 보도에 따르면 중증 환자까지도 어느 정도 가정 치료가 가능하다고 한다. 가정에서 적절한 돌봄이 이루어지면 불필요한 입원을 막을 수 있게 된다.

인간은 누구나 늙는다. 특히 노인은 연약한 존재이다. 그래서 자신이 몸담은 사회와 국가의 보호를 바란다. 인간적으로 살기 좋은 나라를 원할 뿐이다.

선서 3

적절한 예방과 관리를 통해 만성 질환이나 다양한 건강 문제를 줄일 수 있으며 이는 현실적으로 국가 재원 지출을 줄이고 의료비의 증가를

방지한다. 우리 자신을 위하여 예방에는 게을리하지 않는다

선서 4

건강한 50, 60대로 재무장하여 사회 활동에 더 적극적으로 참여하고, 이를 통해 우리의 사회 경험과 지식을 젊은 세대에 전달하고 멘토링하여 사회 발전에 힘쓴다

선서 5

정신적 건강을 지켜 자존감을 높이고, 우울증 및 기타 위험을 줄이고 심리적 안정을 취하여 정서적으로 건전한 공감대를 여러 세대와 공유하기로 한다

02
백세운동과 생존 운동 : 꾸준한 걷기, 계단 오르기, 벽 운동

100년 체력에 적합한 운동 및 물리적 활동, 백세운동

중년은 현재의 건강을 위해, 생존을 위해 운동하지만 이제부터는 백세를 거뜬히 살 수 있는 희망찬 즐거움과 도전적인 운동, 즉 백세운동을 해야 한다.

예를 들면 고강도 운동의 경우 오히려 건강에 지장을 초래하기도 한다. 몸이 버겁다고 느끼면 체내 활성 산소가 과하게 발생되고 세포막이나 혈중 콜레스테롤 등의 지질을 산화시킴으로써 동맥 경화의 원인이 될 수 있기 때문이다.

백세운동이란 현재 자신의 몸과 건강 상태에 따라 백세까지 활동할 수 있도록 하는 생활 운동을 말한다. 꼭 도구를 사용하거나 특별한 장소에 가야만 하는 운동이 아니다. 어디서나 접근 용이한 활동이다. 몸이 점점 노화되는 와중에도 꾸준히 운동하려면 몇 가지 포인트가 있어야 한다.

첫째, 동기 부여가 되어야 한다. "나는 백세까지 활동하는 사람이 될 거야." 이 질병들을 꼭 극복하고 살아남는 사람이라고 믿는 것이다.

둘째, 즐거움이 있어야 하는데 충분한 보상 심리가 작동되어야 한다. 조금씩 시간을 늘려가면서 목표를 이룬다거나, 검사 결과 개선된 내용을 확인한다. 언제나 주변에서 응원과 지지를 들으면 힘이 난다.

셋째, 쉽게 접근할 수 있는 운동이어야 한다. 생활에서 찾을 수 있는 장소에서의 운동을 의미하며 집 안에서, 마당에서, 동네에서, 아파트 단지 내에서 할 수 있고 특별한 도구 없이 자신의 몸으로만 할 수 있으면 더 할 나위 없다.

① 함께 꾸준히 규칙적 백세걷기 백세운동

걸을 수 있으면 주변인들과 함께 일주일 5번, 30분씩 걷는다. 걷기는 백세를 가기 위한 최고의 절친이다. 뇌가 건강하면 치매에 걸릴 확률이 현저히 낮아진다는 사실은 일반적이다. 특히 뇌는 앞서 본 것처럼 평균 몸무게의 2% 정도를 차지하지만, 산소 사용량은 전체 소비량의 20%에 달한다고 한다. 그러므로 신선하고 충분한 산소가 공급되어야만 뇌 건강을 유지하고 이로 인해 치매 발병률도 낮아질 것이다. 조금 빠른 걷기를 일상적으로 하는 습관은 매일 신선한 산소를 온몸과 뇌에 공급함으로써 신체적 건강뿐만 아니라 정신 건강에도 좋은 주 종목 운동이라고 할 수 있다.

잘 살기 위해 혹은 건강 회복을 위해 이 악물고 걷는 사람들을 주변에서 흔히 볼 수 있다. 백세운동 걷기는 노화를 늦추고 긴 세월에도 불안정하지 않으면서도 마지막날까지 함께 할 수 있는 친구임에 틀림 없다.

뇌 과학자이며 의학 박사인 오시마 기요시는 〈뇌가 젊어지는 걷기의 힘〉에서 걷기 운동이 창의적 사고력을 15% 이상 증가시키며 치매를 예방하는 효과가 있고, 어른뿐 아니라 아이들의 학습 능력도 향상시켰다고 발표하였다.

뿐만 아니라 약간 빠른 걷기는 심폐 지구력을 강화하고 성인병을 예방하며 체중을 감량하는 효과도 있다. 가장 손쉽게 뇌를 건강하게 할 수 있는 운동으로 뇌의 중추 신경계와 모든 말초 신경계를 자극해 활성화한다고 한다.

② 계단 오르기 백세운동

계단 오르기 운동은 중력이 엉덩이, 다리, 발 등 하체의 뼈에 작용하는 체중 부하 운동으로 뼈를 자극하여 새로운 뼈조직을 생성하게 한다. 이는 밀도와 강도를 증가시키고 골다공증을 예방할 뿐만 아니라 발 근

육과 뼈를 강화하는 데 도움이 된다.

미국 하버드 대학교 의과 대학 연구 결과를 살펴보면 하루에 8층 이상의 계단을 오르는 사람은 운동하지 않는 일반 사람보다 심혈관 질환으로 사망할 위험률이 33% 정도 낮다고 한다. 매일 2km씩 걷는 사람에 비해서도 사망 위험률이 22% 낮았다. 미국 여성들이 평균 남편보다 5년 이상 오래 사는 것은 주부들이 평생 몇 층짜리 집 계단을 오르내리며 생활하기 때문이라는 의견도 있다.

또 캐나다의 연구진이 발표한 내용을 보면 평균 연령 64세의 건강한 남성 17명을 대상으로 걷기, 경사 오르기, 계단 오르기의 운동 강도를 측정한 결과, 계단 오르기는 걷기보다 2배, 경사 오르기보다 1.5배 더 힘들고 더 빨리 지친다고 한다. 계단 오르기는 많은 운동량을 필요로 하기 때문에 천천히 약한 강도로 진행하면 모든 연령층에 좋은 운동이라고 연구진은 설명한다. 소모 칼로리로 보면 30분간 걸으면 약 63Kcal, 빠르게 걸으면 120kcal가량 소모되며, 계단 오르기는 약 220 Kcal로 밥 한 공기 분량의 열량과 맞먹는 수치다.

우리나라 전역의 웬만한 곳에는 계단이 있어 쉽게 접근할 수 있고 또 아파트 등 실내에도 많이 있으니 날씨와 무관하게 시작할 수 있는 생활형 운동이라 50, 60대 이상에게 안성맞춤이다. 계단을 오를 때 특히 대퇴근, 햄스트링, 엉덩이 근육이 자극되어 하체 근력과 안정성에 도움이 된다. 무릎과 엉덩이를 접었다 펴면서 골밀도도 높아지고 관절에 혈류를 증가시켜 염증과 통증을 줄이는 효과도 있다.

그러나 아무리 좋은 운동이라고 해도 관절염 환자, 빈혈 환자, 심장병 환자는 가급적 삼가하고 올라갈 때는 천천히, 숨이 차오르면 중단하고 쉬어가며 무리 없는 범위 내에서 진행하기를 권하고 싶다.

계단을 오를 때는 발바닥 전체 혹은 앞부분으로 디딜 수 있는데, 나이 들수록 전체로 딛는 게 좋고 가슴과 허리를 편 상태로 오르면 배와 등 근육에 힘이 들어가 척추를 바로잡고, 허벅지와 엉덩이 근력도 키울 수 있다. 한번에 한 계단만 오르고 내려올 때는 완만한 경사면을 따라오거나 엘리베이터를 타고 내려오면 좋다. 적당히 숨이 차고 약간 땀이 나는 정도까지 운동하면 된다. 점차 근력이 쌓이면 층수를 올리거나 반복한다. 혹 내려오게 될 때는 난간 등을 꼭 잡고 앞꿈치로 살살 내딛으면 충격이 흡수되고 안전하다.

③ 집 안 어디서나 벽 잡고 상체, 하체 백세운동

벽에서 팔 길이 반 정도 떨어져서 양팔을 어깨보다 조금 더 벌리고, 양발은 어깨 정도 벌리고 서서 팔 굽혀 펴기를 한다. 특히 벽으로 다가갈 때 천천히 근육을 자극하고 벽에 얼굴이 부딪치지 않도록 신경 쓴다. 20여 회 전후를 푸쉬업하는데 땀이 날 정도까지 하면 좋고, 자신의 근력에 맞도록 횟수를 조절하면서 점점 강도를 높여 나간다.

어깨 및 상체 그리고 허벅지 근육도 사용되어 실내에서도 간단히, 도구 없이 건강을 지킬 수 있는 운동이다. 또 다리 근육을 강화하기 위하여 어깨 정도로 양발을 벌리고 두 팔은 어깨 정도 벌려 벽을 잡고 앞꿈치에 힘을 주고 천천히 올렸다 내렸다 하면 이 운동도 숨이 조금 차고 땀이 날 정도까지 하면 된다. 햄스트링, 종아리 근육 등 하체가 사용되어 근력을 유지하고 강화하는 효과가 좋은 운동이다. TV나 음악을 들으면서 하면 운동의 즐거움이 배가 될 것이다.

스쿼트는 누구나 쉽게 할 수 있는 운동이며 하체 근육 형성과 단련에 가장 좋은 종목 중 하나이다. 스쿼트는 허벅지, 종아리 등의 근육을 만들어줄 뿐만 아니라 몸 전체 근육을 수축시키는 효과도 크다. 30대 이후 근육은 매년 0.5~1.0% 빠져나가는데 따라서 기초 대사량은 줄어들고 나잇살인 뱃살은 점점 늘어난다. 스쿼트를 통해 기초 대사량을 늘릴 수 있으며, 운동을 하지 않을 때도 이 근육량에 의해 칼로리를 소모시키니 중년에게 꼭 필요한 운동이 틀림없다.

스쿼트를 하는 방법은 발을 어깨너비보다 1.5배 정도 넓게 벌리고 발끝을 바깥쪽으로 향하게 만든 후 깊게 앉았다 일어나는 것이다. 유튜브를 보고 정확한 동작을 따라하면 된다. 주의할 점은 몸에 무리가지 않도록 바른 자세를 잡는 것이며, 처음에는 10회를 3번 정도씩 하다가 점차 늘려 나가면 된다.

또 벽 모서리에 한 손을 기대고 한 손을 벽 위로 주욱 끝까지 올리는 운동을 반복하면 스트레칭 효과에 척추, 목뼈 등을 자연스레 펴게 된다. 벽을 활용하여 여러 형태의 몸동작을 하게 되면 안전한 운동을 즐길 수 있다.

④ 배와 허리를 위한 발 들기 백세운동

요가 매트에 반듯이 누워 두 발을 모으고, 발끝은 배 쪽으로 당겨 수직까지 천천히 올렸다 내렸다 반복하는 운동이다. 버티기 어려우면 잠시 쉬어가며 3번 정도를 반복한다. 복근을 유지·강화시키고 허리 근육을

보완하여 보호하기도 한다. 발을 지지대에 걸고 윗몸을 일으키는 운동이 있지만 허리에 모든 하중이 쏠려 척추에 무리가 갈 수 있으므로 대신 누워서 발 올리기 정도가 적당하다. 나이가 들수록 어느 한 부위에 온 체중이 집중되게 하는 운동는 삼가는 것이 이롭다.

⑤ 그 외

실내, 야외 체조 등 국민 운동을 수시로 하고 여건이 되면 수영, 아쿠아로빅 등이 무리 없이 심폐를 건강하게 하는 전신 운동이다.

백세운동의 단짝 수면

운동은 근육을 손상시키는 작용을 하는데 휴식과 수면은 체내 성장 호르몬이 분비되어 근육 회복과 성장을 촉진시키며, 신체의 인내력과 에너지를 회복시키고 이를 통해 다음 운동을 준비할 수 있다. 특히 충분한 수면은 신체의 대사를 조절하는 데 도움이 되며, 면역 시스템을 강화하고 감염을 예방하는 데 필요하다. 수면과 휴식을 취할 때 면역 세포들이 활발하게 활동하기 때문이다. 수면 부족은 신체의 대사를 느리게 하고 체중 관리 등에도 나쁜 영향을 준다.

수면은 치매와도 많은 관련성을 갖고 있다. 최근까지의 자료를 보면 치매의 직접 원인은 독성 물질인 아밀로이드 베타라는 단백질이며 이는 뇌에서 형성되고 축적된다고 한다. 이 단백질은 신경 세포를 손상시킬 수 있으며 기억력 감퇴, 인지 능력 저하, 감정 제어의 어려움 등 정신적 증상을 초래한다. 아밀로이드 베타를 제거하는 식품, 영양제 등도 있지만 자연 최고의 치료제가 바로 충분한 수면이다.

적당한 수면은 개인의 건강 상태에 따라 약간 다르기는 하지만 일반적으로 7시간 전후라고 알려져 있다. 운동 후 일정 시간 동안 규칙적으로 수면을 취하면 백세운동의 효과는 배가 될 것이다.

필수적 생존 운동들

규칙적인 신체 활동은 심혈관 건강 개선, 인지 기능 향상, 근력 및 균형 개선을 통해 낙상 위험을 줄이며 기분을 개선하고 우울증과 불안의 위험을 줄일 수 있다. 건강과 체력 유지를 위해 여러 종류의 운동 및 물리적 활동이 권장되며, 이러한 활동은 뼈 밀도를 유지하고 근육을 강화하는 데 도움을 준다. 심장 및 폐의 건강, 기분 개선, 밸런스와 유연성 향상에도 도움이 된다.

요가와 스트레칭은 근육의 유연성을 높이고 몸의 균형을 향상시킨다. 특히 밸런스 패드 같은 도구를 사용해 밸런스 능력을 기를 수 있다. 밸런스가 좋아지면 낙상 위험이 크게 줄어든다. 아령을 드는 것은 근육을 강화하는 운동으로 뼈 밀도를 유지하는 데 큰 역할을 한다. 춤은 그 자체로 즐거운 활동이며 심장 건강, 근육 유연성, 균형 감각을 향상시키고 더불어 사회적 소통과 감성 활성화에 도움이 된다.

창원 메트로병원에서 알리는 건강 운동법을 소개해본다

① 유산소 운동

유산소 운동은 신체의 큰 근육들을 지속적으로 움직이는 것으로, 숨이 가빠지는 운동이다. 걷거나 뛰기, 자전거 타기, 등산, 수영 등이 있다. 심장이 빨리 뛰게 되어 규칙적으로 유산소 운동을 하다 보면 심혈관이 튼튼해진다.

하루에 30분씩 적당한 강도의 운동을 주 5회 실시하거나 20분씩 주 5회 고강도 운동을 시행하는 게 좋다. 작은 강도부터 천천히 시작해 운동량을 증가시키는 게 현명한 방법이다. 그러나 한번 운동할 때 10분 이상은 해야 한다. 매일 빠르게 걷기를 15분씩 2번 시행하며, 주 5회 이상 실천하는 방법도 있다.

② 근력 강화 운동

유산소만으로는 건강을 유지하기 충분하지 않으므로 근력 운동도 병행해야 한다. 근감소증을 예방하고 노쇠로 이어지지 않기 위함이다. 그 방법으로는 웨이트 트레이닝, 체중 부하 운동 등이 있다. 다리, 엉덩이, 가슴, 허리, 배, 팔 근육 같은 주요 근육을 주 2회 이상 사용한다.
일상적인 활동보다는 강도 높은 운동을 진행하는 것인데, 턱걸이나 윗몸 일으키기 같은 맨손 체조가 있고 계단을 오르거나 짐을 나르는 등 어렵지 않게 시도할 수 있다. 한번 할 때는 중강도에서 고강도 운동을 하는 게 효과적이나 역시 시작은 작은 강도부터 해야 한다.
주 2, 3회는 주요 근육을 골고루 사용하며 대략 3세트를 하는 게 바람직하다. 이를테면 팔 굽혀 펴기 10번을 1세트로 생각하고 중간중간 쉬어가며 총 30번을 하는 것이다. 근육의 통증이 심해지지 않도록 한번 운동을 하면 48시간가량은 쉬었다가 다시 하자.

③ 유연성 운동

유연성은 나이가 들수록 감소하지만, 전반적으로 신체 건강을 유지하는 가장 중요한 요소이기 때문에 운동으로 회복시켜야 한다. 스트레칭을 약 한 달간 꾸준히 하면 효과가 지속된다. 유산소나 근력 운동을 마치고 몸에 열이 오를 때 유연성 운동을 하는 게 가장 좋다.
최소 10분 이상 주 2, 3회 정도 규칙적으로 할 필요가 있다. 스트레칭을 하는 동안에는 편안하고 깊은 숨을 쉬며 한 자세를 30초 정도 유지해야 한다. 어느 정도가 적당한지는 개인에 따라 다르지만 근육이 당기는 느낌이 날 정도는 되어야 하며, 통증을 느낄 정도로는 하지 말자. 근육 신경을 깨우기 위해서는 스트레칭할 때마다 근육에 5초 정도 힘을 주는 것을 추천하며 각 운동을 반복할수록 관절의 가동 범위가 넓어진다.

④ 균형 운동

어지러움을 느끼거나 균형 감각이 부족한 50, 60대가 거의 20%에 이른다는 연구 결과가 있다. 균형 운동은 낙상을 예방하며 이동성 문제가 있는 개인에게 중요하다. 하루에 20~30분 이상, 주당 2~3일 이상 시행하여 총 주당 60분 이상의 균형 운동을 할 것을 권장한다.

03
먹는 것이 곧 내가 된다

올바른 식습관

위염, 역류성, 위장 장애 등은 흔히 일어날 수 있는 현상이다. 너무 민감하게 반응하지 말고 운동과 전문가 처방을 받고 대처하면 된다. 젊을 때는 무엇이든 소화하는 황금기이지만 이제는 상황이 달라졌다. 식습관을 조정하면 더 나은 건강과 삶의 질을 유지할 수 있다.

우리가 자주 먹는 음식 중 소금은 더 많은 수분을 원하고 기름진 음식은 염증을 유발한다. 무설탕 탄산음료는 인공 감미료 때문에 몸의 산성도를 높이며 너무 매운 음식은 위장을 탈 나게 한다. 더불어 섬유질, 비타민, 영양소가 풍부한 식단이 필요하다. 다 필요한 식재료들이지만 나이에 맞게 조절하는 습관은 백세를 가는 데 중요한 포인트이다.

골라 먹기 실천 3.3.3

쪼끔식 충분히 먹고 즐기자. 오랜 세월 많이 먹었다

1. 조금씩 먹자. 입맛도 좋지만 위장도 생각하자

   너무 적게 먹는 것은 영양 부족으로 문제가 생기니 좋지 않지만, 적당한 소식 습관은 우리의 건강에 여러 긍정적 효과를 가져다준다고 알려져 있다. 앞서 오감에서 본 것처럼 맛은 생을 살아가는 데 너무 중요하다. 하지만 입은 원하지만 위장에게 물어보고 서로 타협점을 찾아 보자.

   세상이 참 좋아진 요즘, 격세지감(隔世之感)을 실감한다. 먹는 재미는 살면서 누릴 수 있는 즐거움 중 가장 큰 부분이 아닌가. 맛있는 음식이 그렇게 많은데 넉넉하게 먹고도 무언가 후회스럽고 속도 답답할 때가 있다. 먹을 수 있는 한계를 넘겨 먹었기 때문이다. 하루에 같은 양을 먹는다 하더라도 여러 번으로 나누어 먹는 게 소화 기관을 도와주는 것이다.

   음식을 과식하게 되면 소화 활동에 사용되는 에너지양이 증가하여 쉽게 피로감을 불러오게 되고, 먹는 양을 줄이면 그만큼 소화 활동에 소비되는 에너지가 줄면서 신체 에너지 수준을 더 향상시킬 수 있게 된다. 또한 비만을 막아주면서 질병 예방에도 도움을 준다고 한다. 오랜 기간 사용한 우리의 위장과 협력하고, 입맛만 좋다고 먹고 싶은 욕심을 부리지 말자.

2. 부지런히 챙겨 먹자

하루 3번 식사, 과일, 견과류를 챙겨 먹는다. 물과 차는 8잔 이상 꼭 마시자. 차를 마시는 습관도 중요하다. 장수 음식을 기본으로 하고 소화 기능이 약해지니 생유산균이 들어간 요거트 등을 먹자. 종합 비타민도 집안에 가능한 한 쌓아 둔다. 나이가 들수록 비타민 섭취량이 적어지므로, 비타민 보충제를 복용해야 한다. 특히 비타민 D는 햇빛을 통해 체내에서 생산되므로 햇빛에 자주 노출하자.

앞서 읽었던 내용을 생각해보자. 비타민 먹는 습관에 도전하자. 도전하면 젊어진다고 하는데 비타민을 먹으면 도전감 생겨 뇌도 좋아지고 몸도 좋아지니 일거양득(一擧兩得) 아니겠는가. 근육량이 감소하므로 단백질 섭취도 중요하다. 고단백 식품인 대두, 콩, 두부, 생선, 닭 가슴살 등을 섭취하면 고혈압, 당뇨병, 고지혈증 등을 예방할 수 있고 신체 균형에도 영향을 준다. 의식적으로 다양한 색상의 채소를 섭취하는 것이 좋다.

3. 밥맛이 없어

50, 60대에 식욕을 잃으면 영양 섭취가 부족해진다. 건강과 웰빙 생활에 부정적인 영향을 미치며, 심한 경우 체중 감소, 영양 결핍, 근력 감소, 골다공증 등의 문제를 야기할 수 있다. 더 나빠지면 낙상 등으로 이어져 심각한 위험을 초래한다. 다른 질병이 오면 체력 저하에서 회복하는 데 더 많은 시간이 필요하며 치료나 약 처방도 제한적일 수 있다.

식욕 부진이 오는 원인과 개선 방법을 살펴 보자.

하나는 신체적 노화로 신체 활동량이 감소하여 대사 속도가 느려지기 때문이다. 특히 에너지 소비량이 줄어들어 식욕이 감소한다. 이를 위해 뇌의 활동량을 증가시키거나 교회 나가기, 운동하기, 지역 봉사 혹은 나들이 같은 사회 활동을 실천하면 몸의 활동량을 높이고 신진대사를 활발하게 하여 식욕이 살아날 뿐만 아니라 우리 생명의 기초를 다시 회복시킨다.

두 번째는 질병, 약물 복용으로 인해 식욕을 잃는 경우이다. 젊은층은 아프더라도 신속히 회복되는 신체적 특성을 가지고 있지만 50, 60대들은 어찌 그리 되겠는가? 최대한 방어하자. 병원에서 맞춤 처방을 받고 영양제를 챙겨 먹어 움직일 수 있는 모든 신체 구조를 살리는 것이다. 지금껏 모든 질병들 이겨내며 살고 있지 않은가.

세 번째로 정서적 불안과 적합하지 않은 식사 환경이 식욕 부진을 야기한다. 식사할 때 시간을 여유롭게 정하며 조용하고 편안한 공간에서 식사를 할 수 있도록 스스로 혹은 주변에서 조성해야 한다. 아울러 식사할 때는 가족 혹은 지인과 함께 하거나 사회적인 모임에 참여하여 식사하는 등 단란한 환경은 식욕을 돋우고 자극하는 데 도움이 된다.

마지막으로 50, 60대의 입맛에 맞는 식단이 필요하다. 누가 챙겨주지 못하는 독신이나 다른 사정에 의하여 대충 챙겨 먹는 경우도 많기 때문이다. 식습관이 잘못되어 대충 한 끼 때우는 식으로 식사를 소홀히 여기는데 이런 경험이 쌓여 식욕 부진을 일으킨다. 스스로 챙겨 먹고, 언급했듯 맛있는 음식을 찾으러 다니자. 이것이 50, 60대가 백 년 가는 기본 여정이다.

맛의 풍미를 위해 소스도 사용하고 먹고 버킷리스트도 갖고 있자

나이 든 사람도 맛을 즐긴다. 속담에 고기도 먹어 본 사람이 잘 먹는다고 했다. 이제부터 맛을 더 깊게 즐기기 위해 소스 등을 사용해 보자. 소스는 음식의 맛을 강화하고 조화롭게 만들어 우리 50, 60대들의 입맛을 깨우고 도전하는 성취감 도 커지게 한다.
책의 전반부에 입맛에도 일부 이야기 하였으니 참조하자. 예를 들면 간장, 설탕, 식초 등을 혼합하여 간장 소스를 만들어 스테이크나 샐러드에 곁들이거나 토마토소스를 이용하여 파스타나 피자에 발라 맛을 낼 수도 있다. 향신료는 음식에 독특한 향과 맛을 줄 수 있으며, 양념에 고춧가루나 깨소금 등의 향신료를 넣으면 양념이 더욱 맛있게 완성된다. 동네 마트나 시장에 가보면 수없이 많은 소스가 진열된 걸 보고 놀랄 것이다. 국산 및 해외 수입품, 핸드메이드 제품 등 다양한 음식과 취향을 충족시키는 소스 퍼레이드이다.
또한 빵이나 쿠키, 케이크 같은 음식에 바닐라, 계피 등의 향신료를 사용하면 고급스러운 맛을 더하며 감칠맛을 내어 누구나 즐길 수 있다. 소스를 만드는 방법으로 바비큐 소스에 고춧가루나 마늘 등의 향신료를 넣어 매콤하고 풍미 있는 소스를 만들고, 타르타르소스에 양파와 케이퍼 등의 향신료를 섞어 고소한 맛을 낼 수도 있다.
각자 입에 맞는 소스와 향신료를 다양하게 활용하면 요리의 맛과 향을 더하고 음식을 조리할 때도 소스와 향신료 조합이 무궁무진한 가능성을 가지고 있으므로 도전하여 새로운 맛을 발견하고 경험하자. TV나 유튜브로 음식 프로그램 등을 보면 더욱 소스, 향신료 사용에 가까워질 것이다.

그리운 어머니 음식, 이제 어머니 맛을 직접 요리하자

이제 어머니가 안 계신다. 혹 장수하시어 계시더라도 옛날 음식을 만들지 못하신다. 우리 어머니들은 음식에 대한 전문 교육을 대부분 받지 않으셨어도, 음식 재료나 기구도 변변치 않았던 그 옛날 환경에서도 우리 입맛에 딱 맞는 음식을 해 주셨다. 계절마다 나물, 겉절이, 탕, 김치, 찌개, 송편, 팥죽 등을 뚝딱 만들어 올리셨다. 이제 그 음식을 만드시고 사다 주신 어머니가 안 계시니 그리움과 사모곡은 깊어만 간다.

어머니의 음식이 내 나이 50 되도록 건강하게 만든 영양분이고 사랑이셨음이라. 그 음식은 누구도 흉내 낼 수도 동일한 맛도 낼 수도 없다. 동네마다 시장과 마트, 편의점이 가득한 세상이다. 저녁에 주문하면 새벽에 배달되는 식자재들, 이 얼마나 좋은 세상인가. 우리 어머님들 등에는 아기 업고 손에는 아이 붙잡고 걸어 걸어 장보러 가시고, 어깨 빠지도록 이고 다니신 우리 어머니.

이제 우리가 어머니의 책임감과 지극한 사랑의 맛을 만들어 보자. 어머니 생신날, 기일날 즈음에 직접 준비하고 조리해

보자. 어머니가 살아 계신 모든 자들아, 어머니 손 잡고 어머니가 좋아하시는 음식 찾으러 다니자. 내 자식들이 좋아하는 음식이 아닌 어머니가 드시고 싶어 하는 그 음식을.

04
음식 일기를 쓰자

이제는 느슨하게 생활하기 때문에 소비한 음식의 양을 기억하고 식사 패턴을 이해해서 의식적으로 섭취해야 한다. 음식을 먹기 전에 사진을 찍거나 종류별로 양을 대충 기록한다. 주로 밥, 국, 고기류, 메인 반찬, 음료나 빵 같은 간식을 분류하여 적는다. 혹시 먹기 전에 놓쳤으면 기억을 더듬어 적고 기억나지 않으면 비슷한 음식을 기록한다. 스마트폰 어플로도 음식을 사진으로 찍기만 하면 정보를 분석해 주며 일기로 기록해 주기도 한다.

이렇게 저장하면 미래의 식사를 계획하는 데 도움이 된다. 어떤 음식을 먹을지, 언제 먹을지를 미리 생각하고 계획함으로써 건강한 식습관을 유지하는 것이다. 그리고 음식과 감정 사이의 연결을 파악할 수도 있는데 잘 살펴보면 스트레스, 우울, 행복 등의 감정이 식사에 어떤 영향을 미치는지 관찰하고 기록함으로써, 자신을 더 잘 이해할 수 있다. 또 특별한 식사나 맛있는 요리를 기록함으로써 노년의 추억을 보존하고 회상하는 즐거움도 제공해준다.

05
정기적으로 나들이 가기

나들이를 통해 새로운 사람과 소통하고 추억을 나눌 수 있다. 실외 활동은 50, 60대에게 움직일 기회를 주며 근육, 뼈, 심장 및 폐의 건강을 증진하는 데 도움이 된다. 신선한 공기와 자연환경은 스트레스를 줄이고, 기분을 개선하며 우울증의 위험을 감소시킬 수 있다. 또 나들이나 여행을 통해 사람들과 교류하는 기회가 늘어나면서 외로움을 줄이고 사회적 연결이 강해지며, 특히 자연환경에서의 활동은 자연에 소속감을 느끼게 한다. 자연의 치유 효과는 덤이다.

여행을 준비하는 과정의 호기심과 설렘은 삶의 의욕을 높이고 뇌를 자극하는 큰 계기가 되기도 한다. 여행지나 관광지에서 새로운 정보와 지식을 얻게 되며 배우는 즐거움을 누릴 수 있다. 이러한 새로운 경험과 활동은 뇌 활동을 촉진하고 기억력과 인지 능력을 개선하는 데 도움을 주며, 아름다운 풍경이나 여유로운 시간은 안정과 평온을 가져오는 효과가 있다.

추가적으로 일상의 루틴에서 벗어나 다양한 활동을 통해 삶의 질을 향상시키고, 새로운 에너지와 활력을 얻게 하며, 나들이나 여행을 계획하고 실행하는 과정에서 문제 해결 능력과 도전 정신, 성취감을 느낄 수 있다.

이와 같이 50, 60대 세대의 나들이 활동은 그들의 신체적, 정신적, 사회적 건강에 큰 도움을 주며 노후 생활의 질을 향상시키는 중요한 역할을 한다. 나들이를 통해 얻은 밝은 에너지는 주변에도 전달될 수밖에 없다. 스스로와 건강하게 연결된다면 젊은 세대나 가족, 친구 등과의 연결도 더욱 건강해질 것이다.

당신이 좋아하는 곳은 어디인가. 도시인가, 자연인가. 자연이라면 높은 산인가, 너른 잔디밭인가, 바다인가, 계곡인가. 호화로운 미술관인가, 아기자기한 상점들과 카페인가. 스스로에게 물어보자. 그것을 찾았다면 책이나 인터넷 검색 등을 통해 갈 만한 곳을 찾아보자. 그리고 당장이라도 힘닿는 곳까지 떠나 보자!

06
병이 두렵다고 하지 말고 전문가와 상담하자

의사, 전문가와 상담하여 본인의 건강 상태에 적합한 균형 있는 식단을 준비하는 것이 50, 60대 건강의 출발이며 핵심이다. 적절한 양의 단백질 섭취가 중요하며 생선, 육류, 콩류, 난류, 유제품 등의 단백질 원천을 다양하게 섭취해야 한다. 골다공증 예방을 위해 칼슘과 비타민 D, 즉 우유, 치즈, 요구르트, 연어, 감귤 등을 섭취해야 하고, 섬유질은 변비 예방과 소화를 돕기 위해 채소, 과일, 콩류 등으로 섭취한다. 나트륨은 고혈압 등을 예방하기 위하여 줄이고, 수분을 충분히 섭취하는 습관이 몸에 배어야 한다. 식습관으로는 혈당 스파이크를 피하기 위해 소식하는 습관이 필요하다.

건강 검진 결과는 복사하여 받거나 스마트폰으로 다운받아 보관하고 이전 데이터와 스스로 비교도 하고 관리에 활용할 수 있다. 복용 중인 약물의 종류, 용량, 복용 시간 등을 상담하여 약물 간 상호 작용이나 부작용을 확인하고 국민건강보험공단 등 50, 60대에게 추천하는 예방 접종을 받아 감염병의 위험을 줄인다. 만성 질환, 식단, 정신 건강 등에 의사들의 조언, 처방이 있으므로 생활 속에서 철저히 준수하며 상담을 통해 심리적인 안정과 건강을 유지할 수 있다.

07
놀이 취미로 백세 체력 보강하자

놀이는 분명한 목적이나 승부를 가르는 뚜렷한 동기가 없으며, 결과를 분석하거나 설명할 필요도 없다. 그러므로 스트레스를 받는 일도 드물고, 인간에게 쾌락과 좋은 느낌을 선사한다. 함께 즐거운 놀이를 통해 뇌에서부터 도파민이 분출되면 우리의 몸은 건강한 백세로 갈 수 있다. 놀이는 아이들의 전유물이 아니며 중년 이후에도 꾸준히 즐기고 개발하기를 바란다.

가족, 친구, 지역 사회와 상호 작용하기

뉴스에 자주 나오는 노년층의 고립, 고독사는 사회적 이슈가 되고 있다. 같은 사회 구성원으로서 평등하고 공정하게, 그리고 문화에 연결되고 참여할 수 있는 구조는 지극히 당연한 일이다. 사회와 소통하는 50, 60대는 자아 존중감과 사회적 지위를 누릴 수 있다.

50, 60대를 위한 멘토-멘티 프로그램, 일터 제공, 문화 예술 활동이나 체육 활동, 봉사 활동 등 사회적 참여는 자신의 역량을 발휘하고 사회적 관계를 형성할 수 있게 하니 장점이 많다.

놀이로 건강 지키고 사회와 소통하기

중장년 나이에 웬 놀이냐고요? 등산이나 가고 장기나 두는 모습이 어울린다고 생각하시는 분은 책의 전반부를 읽고 난 후에는 아마도 없겠죠! 색칠 놀이, 도자기 놀이, 스마트폰 놀이, 유연성 놀이 등은 도파민을 자극하여 뇌를 활성화하고 과정에서의 즐거움을 충분히 누리게 한다. 건강 지킴이이자 높은 행복 지수 동반자이고, 기분 전환에 긍정적인 도움을 준다.

색칠 놀이

색칠이 아이들의 필수 학습 과정인 것처럼 색칠 놀이는 나이와 상관없이 모든 이의 감성을 자극하고 마음의 평온을 주는 등 정서적으로도 큰 역할을 한다. 이러한 색칠 놀이가 중장년에 특히 필요한 것은 마음껏 색칠하면서 상상의 날개를 무한대로 펼치고, 선택의 자유와 살아온 시절을 회상하면서 과거와 현재, 미래를 결합할 수 있기 때문이다. 디자인은 50, 60대의 개성과 잠재된 무의식의 표현이니 앞에서 함께 본 알파 세대의 마라탕-버블티-다이소-인생네컷 놀이와 비슷한 개념이다. 또한 마음이 움직일 때 언제 어디서든 색칠할 수 있으니 이 얼마나 좋은 놀이인가!

괴테의 책 〈젊은 베르테르의 슬픔〉에서 주인공 베르테르는 사랑하는 사람에게 버림을 받고 자신의 머리에 방아쇠를 당겼다. 그때 베르테르가 입고 있던 옷은 푸른 연미복과 노란 조끼였다. 여기서 푸른색은 고독과 우울, 차가움을 나타내고 노란색은 기쁨과 희망, 따스함을 나타낸다. 그의 인생이 끝나는 순간에도 실연의 절망과, 끝없는 사랑을 향한 희망을 동시에 표현한 것이다. 이렇듯 색칠하기는 인간의 본성 중 하나로, 모든 연령대에서 즐길 수 있는 활동이다. 어린이부터 어른까지 모두가 놀이를 통해 즐거움과 행복을 느낄 수 있다.

최초의 상업적 성공을 거둔 색칠 책은 2010년대 초에 발간되었으며, 이후 소수의 취미였던 색칠이 대중의 취미로 자리 잡게 되었다. 미국의 미술 치료 협회(American Art Therapy Association)에 따르면 미술 치료는 작품을 그려내는 과정을 통해 감정을 인식하고, 자기 이해를 촉진할 뿐만 아니라 정서적 문제를 바로 잡고, 불안을 감소시키는 기능이 있다고 한다. 현재에 집중하게 함으로써 마음 챙김의 효과를 얻을 수도 있다.

컬러링 북을 구매하거나 하얀 도화지에 원하는 대로 표현해 보자. 혹은 사진이나 그림을 보면서 비슷하게 따라 그려도 좋다. 다양한 색감을 활용해 자신만의 작품을 완성하는 동안 분명한 내면의 변화를 느낄 수 있을 것이다.

하지만 어른용 색칠책을 완성하는 것이 미술 치료 세션을 받는 것과 같지는 않다고 한다. 우리는 치료 대상은 아니니다. 다만 정서적인 이득을 취하면 된다. 버버리안 교수는 칠하기를 통해 불안을 감소시킬 수 있다고 말했다. 또한 마음 챙김(현재순간을 자각하는 심리학적 개념)을 통해 자신의 모습을 그대로 수용할 수 있다. 2005년에 시행한 실험에 따르면 불안의 수준이 크게 감소했고, 순간에 집중할 수 있게 도왔다. 특히 창의적인 형태의 미술에 익숙하지 않은 사람들은 색칠하기만으로도 마음의 안정을 찾았다.

어른 색칠 놀이는 단순한 색칠 놀이를 넘어서 창의력과 예술적 감각을 자극하는 특별한 경험을 제공하며 아이들처럼 우리만의 놀이문화로 자유로움과 창의력 그리고 도파민 활성화로 무한한 행복을 펼칠 수 있게 한다. 색칠 놀이 컬러링 북을 구입하여 원하는 대로 그리면 되고 일반적인 스케치북이나 도화지 등에 상상하는 대로 혹은 사진, 그림 등을 보면서 자유롭게 그려도 된다.

흙놀이 도예놀이

손과 발을 이용한 도자기 만들기 놀이는 촉각 놀이로 직접적이고 빠른 행복감 그리고 어린 시절도 떠올리니 여러모로 마음과 몸에 도움도 되고 그 자체로 즐거운 일이다. 또한 자신의 감정이나 아이디어를 표현할 수 있는 수단이며 모양, 색상, 질감 등을 다루면서 자신의 창의력을 발휘하며 손-뇌, 시각의 협동은 50, 60대들의 뇌 활동을 촉진한다. 만드는 시간을 거치면서 집중력을 발휘하게 되고 몰두하는 과정은 마음을 진정시키고 긴장을 해소하고 작품이 완성되면 창작물에 대한 자신의 노력과 창의성에 대한 성취감을 느낄 수 있다. 평소 사용하던 그릇, 물컵, 화병, 쟁반, 도구, 가족 형상 등 무엇이든 생각하고 그려보고 주변과 대화하고 직접 빚어내면 이 모든 과정은 즐거운 놀이가 된다.

우리나라 전역, 각지에서 체험 활동할 수 있는 곳은 많으며
대표적인 지역을 소개해본다

이천 도자기 축제

도자기를 할인 판매하거나 다양한 게임이 마련되어 있다. 여러 도자기를 전시하고 있으며, 명품 도자기 전시회를 하기도 한다. 이외에 도자기 체험과 풍성한 먹거리도 있으니 참여해 오감 발달과 뇌 자극을 해보자.

경기도 이천시 부악로 40 (중리동)

김해 분청 도자기 축제

김해를 중심으로 만들어진 분청사기의 전통을 이어나간다. 관람객이 흙을 만지고 도자기를 만든다. 도자기에 문양이나 그림을 그리면서 도자기 완성품을 만든다.
경상남도 김해시 진례면 송정리 360 김해 분청 도자관 일대

강진 청자 축제

강진 청자 축제에 100여척의 선박 축하 퍼레이드로 시작한다. 강진 갯벌 체험도 열린다. 유람선을 이용한 강진만 갯벌 체험, 상설 물레 체험, 고려 왕실 행차 퍼레이드, 가마 불 지피기, 청자 즉석 경매, 청자 박 터트리기 등을 참여해 볼 수 있다.
전라남도 강진군 대구면 사당리 고려청자 도요지 일대

여주 도자기 축제

여주 도자기는 천년의 역사를 자랑한다. 전통에 걸맞는 다양한 도자기 체험장이 있다. 실제로 우리 나라를 대표하는 도자기 업체들이 참여하고 있어 수준 높은 도자기를 싸게 구입할 수 있다.
경기도 여주시 신륵사 관광지

이 외에도 각 지역 체험활동 등은 네이버 등을 참조하면 된다.

스마트폰 기능 알기 놀이

스마트폰을 놀이 도구로 생각하자. 스마트폰의 기본 앱, 다운 받은 다양한 앱들의 새로운 기능들을 발견하자. 긴급전화, SOS, 폰끼리 배터리 충전 주고받기, 물에 핸드폰이 빠졌을 때 조치요령, 보이스 기능으로 알람 설정, 날씨 확인, 음악 재생 및 스트리밍, 사진 편집, 건강 추적 등 기능들을 살펴보고 모르면 배우자.

예를 들면 가장 많이 활용할 수 있는 기능은 카메라다. 비오는 날에, 강한 햇빛 아래서, 혹은 아름다운 저녁 노을을, 인물 사진 부드럽게 촬영하기 등 활용을 잘할 수 있다. 요즘 스마트폰은 제거하고 싶은 부분 없애기도 가능하며, 흔들림을 보정하고 필터를 적용하는 등, 편집하는 기능 배우고 사용하면 훌륭한 놀이가 된다.

여러 형태의 게임들도 많이 있는데 간단한 퍼즐게임에서부터 틀린 그림 찾기 그리고 조금 고난도의 전략 게임 등 자신의 수준에 맞추어 게임 놀이를 하면 새로운 즐거움과 더불어 젊은 세대와 공감할 수 있다. 스마트폰은 온 가족과 함께 놀이가 가능한 쉽고 편리한 도구이기도 하다.

조심할 점은 중년이나 노년이나 카카오톡 등으로 매일 상당한 시간을 사용한다는 점이다. 누구나 모임 공간에서 여러 말들을 올리고 사진도 공유하는데, 손놀림의 실수로 친구방에 올릴 내용을 가족방에 잘못 올리거나, 비즈니스 상대에게 개인적인 글을 잘못 클릭하여 참 난감한 경우가 다들 있을 것이다. 지우기 기능이 있으나 몇 분 지나면 지울 수 도 없어 수습하기 곤란하여 어쩔 줄을 모른다.

"아! 이 손가락 놀림이 문제인가, 내가 덤벙대며 수신자를 잘못 본 탓 일까!"

SNS 이용할 때 항상 누구인가 확인하고 엔터 누르기 전 꼭 한번 더 확인하자. 손놀림을 천천히 하든지, 눈을 두 번 이상 부릅 뜨든지, 엔터 를 참고 있다가 누르든지 하여 당황하지 말자.

유연성 놀이, 역할극(롤플레잉), 퍼즐 게임 놀이, 텃발경작 놀이

유연성 놀이는 허리 굽히기, 한발로 버티기 등이 있다. 허리 굽히기 놀이는 혼자 혹은 여럿이 두발을 쭉 뻗고 천천히 허리굽혀 손 멀리 보내기하거나 서서 천천히 허리를 굽혀 누구의 손 끝이 많이 닿는지를 겨루는 게임이다. 한 발을 들거나 구부리고 한 발로만 20 ~ 30초 버티기 놀이는 균형감각 등에 도움이 되고 서로 버티는 모습을 구경하면 재미있다. 도구 없이 언제 어디서나 할 수 있는 놀이이다. 역할극(롤플레잉)은 상상력과 역할에 대한 이해, 연기에 대한 흥미를 키우는 데 유익하다. 예를 들면 영화나 드라마 속 주인공이 되어 특정 상황을 연출하거나, 가상의 세계에서 다양한 역할을 맡아 함께 연기를 하면 재미있고 건강과 정서에 도움이 된다. 퍼즐은 스마트폰이나 흔한 보드판을 준비하여 혼자 맞출 수 있다. 함께 누가 먼저 완성하는지 겨루는 퍼즐

게임 놀이는 인지 기능 향상과 집중도에 도움된다. 여러 종류의 퍼즐이 많으니 지루하게 하나만 할 필요 없이 계속 새로운 퍼즐에 도전할 수 있다.

텃밭 가꾸기는 호불호의 양면이 있다. 아무리 조그만 밭이라 해도 노동으로 힘든 작업이 되기 때문이다. 밭을 확보하였다 해도 이동시간, 비료 및 영양분 주기, 비닐, 부직포 씌우기, 묘종 구입하고 때맞추어 심고 물 주기 등 복잡한 노동이기 때문이다. 엄청 빨리 자라는 잡초들을 어떻게 감당해야 하고, 혹 병충해가 오면 약을 뿌려야 하나 아님 친환경으로 고집하나 고민도 해야한다. 수확기에 접어들면 상추, 토마토, 고추 등은 어찌나 빨리 크는지 감당하기 어려운 기쁨도 있지만 때를 못 맞추면 녹아 없어지고 상하는 것이 일상인 텃밭가꾸기이다. 수확 후 혼자 다 못 먹으니 누굴 나누어줄까, 어떻게 갖다주지 하면서 땀방울이 계절 내내 송골송골 맺히는 활동이다. 그럼에도 불구하고 텃밭 가꾸기는 건강한 노후생활을 위한 활동은 물론 텃밭 작물을 자녀, 이웃과 함께 나누며 세대 간 소통과 나눔의 기쁨, 혼자 이룬 텃밭으로 인한 자족감은 말할 수 없는 기쁨이 된다.

텃밭 가꾸기를 놀이로 생각하고 건강도 찾고, 이웃과 소일거리도 함께 하고 이웃에 나누는 기쁨을 성취하는 50, 60대들도 주변에 많이 있다. 이들은 동네 혹은 지자체에서 조그만 땅을 나눈다고 공지가 올라오면 땅을 5~10평 정도로만 확보하고 텃밭 가꾸기를 시작한다. 몇 가지 원칙을 소개한다.

텃밭 가꾸기 원칙

1. 항상 2인이 함께 작업한다

   작은 밭이라 해도 두 사람이 작업하는 경우가 많으며 효율적이다. 한쪽에서 잡아주고 다른 쪽에서는 작업해야 하는 경우가 있다. 무엇보다도 일하다가 문제가 발생할 시에 응급조치가 가능하기 때문이다.

2. 간단한 텃밭 도구들을 구비하고 제때 사용한다

   농사가 수월하게 할 수 있고, 능률도 오르기 때문이다. 대부분 원예사, 종묘사 등에서 구입할 수 있다. 쉽게 할 수 있는데 절약한다고 하지 않아도 될 노동을 하지 말자.

3. 과하게 심지 않고 널찍이 공간을 띄워 심는다

5명이 먹을 수 있는 채소류 등을 심는다고 하면, 안 매운 고추(아삭이) 2개, 매운고추(청양 등) 2개, 방울토마토(대추, 일반 각 1개) 2개, 상추류 각 2개(청, 적, 로메인 등), 깻잎 1개, 가지 2개, 허브 2개(바질, 민트)를 취향에 맞는 다른 종류 2~3가지를 각 1개씩 모종한다. 이 정도면 충분하다. 욕심을 부려 다닥다닥 좁게 여러 모종을 심어 놓으면 발육 상태가 문제 되고 햇볕을 충분히 보지 못해 열매가 굵지 못하고 당도도 떨어지기 때문이다. 또 가지끼리 엉키면 참 난감하다.

4. 잡초와 전쟁을 피한다

묘종을 심은 구멍 외에는 부직포 등으로 다 덮는다. 묘종 구멍 근처 외에는 흙들을 쌓아 두지 않는다. 잡초는 흙이 조금이라도 보이면 뿌리를 최대한 내리기 때문이다. 덮어 놓으면 수분 증발을 막아주어 물을 자주 주지 않아도 큰 문제가 생기지 않는다.

5. 고추나 방울토마토가 올라오기 시작하면 과감하게 곁가지를 잘라준다

그래야 열매가 크고 잘 맺히고 당도 등이 훨씬 높아져 결실이 매우 좋아진다.

6. 수확기에는 자주 가야한다

수일이 지나면 물러지고 처지므로 다른 열매도 부실해진다.

가지치기 못하는 경우 다른 분께 부탁해 수확한다.

7. 텃밭 가꾸기를 놀이라 여긴다 (가장 중요하다)

땅을 고르고 흙을 만질 때 잘게 부수고, 그 촉감을 느낄 때 만족감이 높아진다. 묘종을 고이고이 정성스레 심을 때는 사랑스런 자녀를 대하는 듯한 태도로 임하게 되고, 이파리가 자라날 때의 기쁨은 말할 수 없으며, 병이 들어 잎사귀나 열매가 상하면 마음이 아프고, 열매가 풍성히 열려 수확의 기쁨을 누릴 때는 자식이 잘 되고 가정이 화목하고, 사업이 순적할 때의 느낌이 든다. 텃밭 가꾸기는 삶의 축소판같아, 인생에 대해 감사할 수 있는 놀이이다. 구상하고 심고 거두고 나누고 이 모든 과정의 수고가 열매로 맺히는 놀이니, 누구나 도전해 보면 한다.

子曰 : “知之者, 不如好之者 ; 好之者, 不如樂之者.”

“아는 사람은 좋아하는 사람만 못하고, 좋아하는 사람은 즐기는 사람만 못하다.” (논어(論語), 공자 말씀 중에서)

일이나 삶의 과정에서 열심히 배우다 보면 그 일이 좋아지게 되고, 좋아지다 보면 즐기는 일과 삶이 된다는 의미이다. 무슨 일이든지 행하지 않으면, 즐거움이 없고, 소중함이나 가치도 줄어든다고 해석할 수 있다. 우리 50, 60대들은 수많은 일을 놀이로 생각하고 즐기는 마음가짐이 필요하다.

6장

안전한 노후,
지혜로운 재산관리

안전한 노후,
지혜로운 재산 관리

비행기를 타고 좌석에 앉아 있으면 출발 전에 승무원이 앞에 서서 승객의 안전을 위하여 안내방송과 함께 시연한다. 특히 비상시 산소마스크 착용법을 보여준다. 들어 보면 우리나라의 정서에 어울리지 않는 멘트가 있어 의아한 생각을 한 적이 있다. 저자도 처음에는 참 다른 생각이라고 느꼈다.

"산소마스크는 내가 먼저 착용한 후에 자녀들과 다른 사람을 도와주십시오."라는 내용이었다. 내가 먼저 살아야 남을 도울 수 있다. 비행기를 타면 나오는 기본적인 안내 방송이며 생각해 보면 당연한 말이지만 마음 깊이 와닿지는 않는다.

'아니, 우리 아이가 먼저고 어르신이 우선이지.'

과연 한국 사람만의 정서일까, 아니면 보편적인 가족의 희생정신일까. 자신에게 엄격했고, 후하지 못하며 나를 위한 생일까지 챙기지 못하는 등 스스로 칭찬도 인색한 세대라서 그럴지도 모른다. 이제는 스스로를 챙길 권리를 주자. 합리적이고 주체적인 관계 속에서 가족과 이웃을 살피면 어떨까 한다.

01
예방 재산을 관리하자

최우선으로 예방 재산을 관리한다. 예방 재산이란 중년이 건강한 삶을 살기 위하여 최우선으로 지출하는 돈이다. 건강 검진비, 헬스, 운동 관련 투자, 영양제, 예방약 그리고 영적 안정을 위한 교회 헌금 등 가용할 수 있는 재산의 10~20%를 절대적으로 준비하고 투자하자.

예방 재산에 투자하지 못해 건강에 이상이 생길 경우 몇 배의 비용이 들어갈 뿐만 아니라 고생하고 더 빨리 늙어가니, 중년 나이에 이보다 더 우선순위가 무엇이랴. 지나간 것은 회복되지 않는다.

대부분의 우리나라 중년들이 나이가 들면 자신을 위한 투자를 후순위로 내몰고 있다. '이대로 살다가 죽지 뭐, 어떻게든 되겠지.' 생각하며 살고 있다. 예방을 위한 투자는 나만의 투자가 아니고 가족과 사회를 위한 연계 투자이다.

두 번째로 투자해야 하는 항목은 정신적 건강과 신체적 건강 유지에 필요한 건강 유지 재산이다. 현재가 없으면 내일도, 백세도 없다. 몸이 아파서 병원 가는 비용, 관련 약 처방, 입원 비용, 검사 비용에 대한 투자금과 여행, 맛있는 음식, 친구들과 만나는 돈, 영화 보고 문화 활동, 피부 관리 등은 예방 재산 못지않게 투자금을 확보하고 사용해야 한다. 오늘이 건강해야 나의 정신도 육신도 건강하고 뇌가 활성화되어야 도파민 등 몸에 좋은 호르몬도 온몸을 돌아다니니 필수적 투자 예산이다.

당장 몸과 마음이 불편하여 밖을 못 다니고 소통할 수도 없다면 산해진미의 음식과 돈은 아무 소용이 없는 기록상 혹은 머릿속에만 있는 허상과도 같으니 유지 재산에 집중하자. 재산의 10~15% 정도 넉넉히 배정한다.

그 다음으로 배정해야 하는 항목은 가족 재산이다. 배우자나 자녀가 힘들면 인생에 즐거움이 없다고 한다. 가족이 함께 행복히 살 수 있다면 무엇이 아까울까? 아낌없이 주는 나무가 되자. 가족의 사고나 질병, 경제적으로 어려운 경우를 위하여 대비하자. 가족이 고통을 겪는데 나 혼자만 잘 산다면 허무한 행복이 아닌가. 10~30%를 투자금으로 준비하자.

네 번째 투자 예산은 디딤돌 재산이다. 젊은 세대들을 위하여, 이웃에게 사랑을 펼치는 사랑의 자금이자 개인 디딤돌 장학회 재산이다. 자라나는 아이들을 위한 미래 투자금으로 10% 이상을 투자하자. 그리고 계획대로 나누자. 나와 가족만 안위하는 건 고독한 행복이다. 공동체와 함께 모든 걸 공유하지는 못하지만, 최소한의 이웃 사랑 재산이 물 흐르듯 흘러가야 사랑의 저수지에 물이 차고 많은 생명체가 살아 움직이는 생태계가 된다.

나머지는 주거와 생활 등 기본적 의식주에 평소처럼 사용하자. 우리 50, 60대는 한정된 재산을 소비한다고 생각하지 말자. 가진 재산을 효과적으로 조금씩 투자하고 젊은 날 수고의 대가인 재산을 안정적으로 투자하며 백세를 향해 가자.

106세 연세대학교 명예 교수 김형석 교수님은 저서 인생문답(人生問答)에서 말씀하셨다. 재물에 대한 욕심은 80세쯤 사그라들며 명예욕도 마찬가지다. 왕성한 욕심은 차차 희미해지고 소유해 보니 별것 아니라는 생각만 남는다. 누구에게나 쓸쓸한 노년이 오기 때문이다.

스스로를 위해 살아온 사람에게는 남는 게 없다. 그러나 남을 위해 나눈 사람, 진실하게 살아낸 사람, 정의와 신의를 지켜온 사람에게는 남는 게 있다. 나를 이루는 모든 것이 실은 남으로부터 왔다는 걸 기억할 때 삶은 풍성해진다. 받은 만큼 베풀게 된다.

결국 내 인생도 나만의 것이 아니라는 말씀이다. 베풀 줄 아는 사람이 지혜로운 사람이다. 김형석 교수님의 글처럼 사람은 나눌수록 깊어지고 풍성해진다.

02
코 베이지 말자

50, 60대들이 사기를 당하는 사건이 일상이 된 것 같아 씁쓸한 마음이다. 뉴스에서는 젊은 층보다 노년층이 사기당하는 빈도가 6배 높다고 한다.

산전수전 다 겪고 살아온 세대가 사기꾼의 대상이 되는 현실을 정리해 보면 다음의 유형을 발견할 수 있다.

① 판단력이 흐려져 넘어가는 유형

사회적 소통이 뜸해지면서 정보에 어두워지고, 누군가 친절하게 접근해 오면 무장 해제된다. 특히 연하의 이성이 작정하고 다가오면 마음이 동요해 끝없이 당한다. 더욱 안타까운 사실은 생면부지 남보다 지인의 솔깃한 말에 속는다는 것이다. 이성적 판단보다는 인정에 이끌리어 가족, 친척, 간병인 등 지인에 의한 피해가 심각하다.

② 외로워서 미혹 당하는 유형

중년은 외롭다. 섭섭한 마음이 있을 때 친절하게 잘 해주는 사람이 나타나면 그에 대한 보상 심리로 깜빡 속는다. 사기꾼들이 이를 놓칠 리 없다. 친절하고 다정다감하게 위로도 하면서 간이라도 빼줄 것처럼 굴면 영혼까지 미혹되고, 허전함에 채워지는 위로는 덫이 된다.

③ 이 나이 되면 다 안다는 유형

모든 걸 알고 있는 것 같은 50, 60대들, 사실 어딘가 빈틈이 많다. 당하는 사람이 바보라고 자만하는 순간, 먹잇감을 노리는 여우처럼 사기꾼들은 한 수 위에 있다. 마음먹고 노리는 와중에 자만은 독이 된다. 잘 모르는 사람이라면 조심조심 확인하고 대화하면 되는데 말이다.

④ 몸에 좋으면 다 좋다는 유형

50, 60대의 최고 화두는 건강이니 몸에 좋다면 귀가 번쩍 열리고 무엇이든 쏙쏙 들어온다. 마음이 열리면 사기꾼도 따라 들어간다. 어디든 한두 군데 아픈 사람이 대부분이니 즉효라며 검증 안 된 약이나 건

강보조식품을 팔아도 넘어간다. 공짜 여행, 공연에 미혹되어 후회하는 게 우리 모습이다. 가격대에 맞는 정상 제품이면 너무 좋지만 그렇지 않은 경우가 문제이다.

⑤ 욕심이 화를 부르는 유형

수입은 줄어들고 나가는 돈은 크게 줄지 않다 보니 이자가 좀 높다. 투자금에 고수익이라고 유혹하면 마음이 끌리고 욕심이 커지게 마련인데, 욕심이 화근이 되어 판단을 흐리게 하고 내 돈만 아니라 주변의 돈도 끌어들여 큰 손해나 낭패를 보기 일쑤이다. 조금만 생각해보면, 또 살아온 세월의 경험에 견주어 보기만 해도 터무니없는 투자 수익은 상식적이지 않다는 것이 자명한데 말이다.

예방책을 알아보면

이러한 전화나 연락을 받았을 경우 끊고, 멈추고, 알리자. 그리고 조언을 받자. 조금 더 구체적인 사기 유형을 보면 보이스 피싱, 사기 투자, 사행심 조장 물품 구매, 전화 사기, 문 앞 두드리고 열어줄 때 물품 등 사기, 의료 보험 사기, 다단계 사기, 피라미드 사기 등이 있다. 무엇이든 의심되는 경우 하기 전에 경찰 신고 관련 금융 기관에 확인해야 하고, 가족이나 지인에게 사전 문의하고 조언을 구하여 방지하는 게 우선이다.

악덕 상술이란

사업자가 공짜로 무언가를 제공한다거나 신분을 사칭하는 등 다양한 방식으로 소비자를 기만하여 부당한 이익을 취하는 것을 말한다. 이를테면 사은품을 준다는 말에 혹해 무리해서라도 제품을 구입하거나 반품하기 어려워하는 특성을 이용하기도 한다. 비슷한 방법으로 노인정에서 베푸는 경로잔치를 통해 고가의 건강식품 등을 판매할 수도 있다. 누구도 공짜 제품을 팔거나 자신이 손해를 보면서 장사를 할 리 없다. 사기를 당하면 물질적으로 큰 타격일 뿐만 아니라 정신적인 충격과 사회에 대한 불안감 고조로 50, 60대의 노년 생활에 큰 불행을 가져다준다. 관련 교육이 있는 경우 필히 참석하여 범죄의 대상이 되지 않도록 하자.

금융감독원의 금융사기 예방을 위한 10계명

① 전화로 정부기관이라며 자금이체를 요구하면 일단 보이스피싱 의심
② 전화 · 문자로 대출을 권유받은 경우 무대응 또는 금융회사 여부 확인
③ 대출 처리비용 등을 이유로 선입금 요구시 보이스피싱 의심
④ 저금리 대출을 위한 고금리 대출 권유는 100% 보이스피싱
⑤ 납치 · 협박 전화를 받는 경우 자녀 안전부터 확인
⑥ 채용을 이유로 계좌 비밀번호 등을 요구시 보이스피싱 의심
⑦ 가족 등을 사칭하며 금전 요구시 먼저 본인 확인
⑧ 출처 불명 파일 · 이메일 · 문자는 클릭하지 말고 삭제
⑨ 금융감독원 팝업창이 뜨고 금융거리정보 입력 요구시 100% 보이스피싱
⑩ 보이스피싱 피해발생시 즉시 신고 후 피해금 환급 신청

50, 60대의 재산 관리 목표는

자금을 안정적으로 확보하여 경제적 빈곤을 겪지 않으며 정신적으로도 위축되지 않는 것이다. 하지만 재산과 노후 준비는 각자 보유 중인 재산과 포트폴리오에 따라 다르고, 수입 구조도 다르기 때문에 모두에게 똑같은 방법을 제시할 수는 없다. 다만 개인의 상황에 따라 몇 가지 사항을 고려해 관리를 할 필요는 있다.

첫째, 정기 적금 정도의 수익률이나 평균 이자율 정도의 수익을 목표로 하는 게 좋다. 하이 리턴 하이 리스크(high return high risk)이기 때문에 지나치게 고수익을 추구하다가 원금 손실을 입으면 평생 모아둔 노후 자금에 큰 문제가 될 수 있다. 만약 주식이나 금융 상품에 직접 투자한다면 여러 상품에 자금을 나누는 분산 투자가 안전하다.

둘째, 지인들이 황금알 사업이라고 해도 조심해야 한다. 일반적인 절차와 상식적 수준의 안정된 수익을 권한다 하더라도, 주변 전문가 등에 조언을 구하고 신중한 의사결정을 해야 한다.

셋째, 나이가 들고 장수함에 따라 문제도 많아진다. 질병, 사고, 자녀 문제 등 예상치 못한 변수에 노출될 가능성이 높아 현금이 급히 필요할 수 있다. 중장기적으로 현금이 동원되어야 하는 경우도 있으며 전문가들에 의하면 주택 같은 고정 자산, 예금 및 투자에 고르게 분산되어 있어야 현금화에 어려움이 없어 불필요한 지출을 막을 수 있다고 한다.

03

현명한 정리 - 증여로 가족 화목을 준비하자

누구도 마지막 날에는 돈 한푼 지니고 갈 수 없다. 있는 재산은 남아있는 자손들의 몫이며 가족의 경제에 도움이 되어 모두 감사할 것이다. 하지만 반대로 여러 갈등과 분쟁의 불씨가 되기도 한다. 누구나 만족할 만한 비율과 몫으로 배분되면 괜찮겠지만 이견 없이 깔끔히 정리 되지 않은 경우가 너무 흔한 현실이고 심지어 가족끼리 심한 법정싸움까지 이어진다. 조금 더 생각해 보면 자손들에게 동일한 대우를 해준 것도 아니고 또 보살핌을 받은 것도 아니며 모두를 만족시킬 만한 명쾌한 유언을 하지 않아서 여러 문제가 발생된다.

어떻게 벌고 모은 돈인가? 맘껏 써 보지도, 여행 한 번 편히 못 가고, 노심초사하면서 가족을 위해 악착같이 일하고 온갖 고통 속에서도 욕먹어 가면서, 한푼이라도 아낀 재물이다. 나의 청춘 그리고 일생을 바쳐 형성된 재산이 나의 가장 사랑하는 가족들의 고통의 씨앗이 되니 이 얼마나 한스럽고 안타까운 일인가. 편히 눈을 감지 못하리라.

전문가들에 의하면 재산상속 분쟁의 본질은 매우 다양하며, 가장 일반적인 경우 중 하나는 상속인들 사이의 의견 불일치이며, 상속재산을 분배하는 것은 모든 상속인의 합의가 필요하지만, 상속인들 사이에 이견이 좁혀지지 않거나 합의가 되지 않으면 사건이 복잡해진다. 또 상속인 중 일부를 찾을 수 없을 때 혹은 다른 이유로 협의가 불가능한 경우도 있으면 상속 절차가 중단되고 가족들 간의 관계가 더욱 악화된다. 상속 재산이 크고 가치가 있는 경우, 가족이 아니라 원수로 돌변하기도 한다고 한다.

차라리 사회나 종교단체에 기부, 헌금을 하면 더 좋았을 것이라 후회할 수 있다. 현명한 증여, 가족 화목은 우리의 책임과 사랑이다. 나를 중심으로 먼저 내 의견을 명백히 밝히는 증여 계획을 세워보자. 왜냐하면 내가 내 재산을 가장 잘 알고 내 자녀들의 품성을 알고 있기 때문이다.

1) 자신의 의향대로 배분하고 하고 싶은 사람에게 양도함으로써 나의 사랑을 보여주는 의사 표시이다. 지금껏 진심 잘하는 자녀에게 좀 더 주고 아픈 손가락에도 먼저 주어, 부모로서 의무를 다하고 애정도 돈독히 할 수 있어 자녀를 보호하는 원천이 되기도 한다.

2) 돈이 필요한 자녀들 특히 결혼을 앞두거나 결혼을 하여 손주들을 키우고 있는 자녀, 사업을 하거나 전세금 마련 등 힘들어하는 자녀에게 증여하자. 요즘 젊은이들 경제적인 문제로 결혼도 포기, 자녀도 포기, 집도 포기하는 안타까운 사정을 매일 뉴스로 접한다. 선 증여로 지원하고 도우면, 큰 힘이 되고, 젊은이들이 이 재산을 확대 재생산하여 모두에게 이로운 돈의 흐름을 만들 수 있다.

3) 경제적인 안정을 도울 뿐만 아니라 가족 간의 유대감을 강화할 수 있는데 부모의 사랑을 받은, 은혜를 받은 자식의 마음은 넉넉해질 것이고 그 마음은 다시 부모에게 축복이 되어 돌아오기 때문이다.

4) 증여를 통해 재산을 자식이나 가족에게 양도하면, 그 재산은 상속세가 부과되는 것보다 더 낮은 세율로 과세될 수 있어 더 많은 재산이 흘러가게 할 수 있다. 세무 전문가의 도움을 꼭 받고 결정하기를 당부한다.

5) 증여를 통해 재산 분배를 미리 결정함으로써 사후 유산 분쟁을 방지하고 가족 간의 갈등을 최소화할 수 있다. 자녀들도 미리 유산을 받으므로 안정될 수 있고, 조정할 수 있는 기간도 있기 때문에 큰 분쟁을 사전에 차단할 수 있다. 사랑하는 자녀 간 분쟁은 정말 생각하기도 싫다.

이로써 우리의 정신적 피로감이 줄고 몸은 가벼워지니 우리의 건강과 활동에 집중할 수 있다. 그럼에도 불구하고 각 개인의 상황과 가치관에 따라 증여의 이유는 다를 수 있으니 지혜롭게 판단하고 전문가의 도움을 받는 것을 추천한다.

참고로 다툼이 발생하는 여러 이유들 중에서 재산의 분배가 가족들의 기대치와 불일치할 때 분쟁이 발생하며, 유산 관련 법적 문제나 절차적 문제가 해결되지 않았을 경우 또 명확하게 명시된 내용이 없을 때 가족 구성원들 간의 분쟁이 발생된다고 한다. "우리 자식들은 그렇지 않겠지." 라고 믿고 살자. 하지만 우리의 지혜로운 증여 계획은 자식들을 보다 화목하게 만들고 그들의 필요한 시기에 자양분이 되어 그들의 가정과 자녀 나아가 국가 경제 발전에도 힘이 되는 선순환 증여를 하자.

자녀에게 '지혜로우신 우리 부모님' '존경하는 부모님'이 될 수 있다면, 참 좋은 노년임이 틀림 없다.

7장

깊어가는 영성으로
품위있는 백세모습

가장 아름다운 죽음,
단풍

많은 시인들이 가을 단풍을 여러 차원으로 표현하는데 오늘 나도 백세 시인이 되어 노래 부르련다.

나뭇잎 생을 연분홍빛 노을로 지는 석양처럼

빛 고운 단풍으로 생을 마감하는 단풍은 어떤 죽음인가

가장 아름다운 수의(壽衣) 단풍잎을 고이 입고서

조그만 바람에 맞춰 자신을 내어주는 순수성,

저마다 손바닥을 한껏 펼치어 온몸으로 태양을 마주하여

얻어낸 양분을 아낌없이 줄기를 통하여 보내는 일생을 자처하는 단풍

찬바람을 맞이하며 겨울이 온 것을 직감하고 의연하게 스스로 문을 닫네

제 몸에 남아있는 양분으로 모든 걸 불태워 선명하고도 빛나는 형형색색을

모든 이에 주고 다시 어머니의 품, 흙으로 돌아가는 아름다움의 단풍이라

나는 떨어지는 단풍의 모습 그 속에 있는 모든 걸 내어 주고도

최상의 아름다움을 보이며 바람과 계절을 거스르지 않는 조화로운 일생처럼

백세를 지나온 나의 정체성은 최선, 열심, 헌신, 내어줌이니

모든 이들은 나를 자연스런 품위의 백세라 부른다

내가 더 아름다운 건 마지막 날에 육신은 나뭇잎, 단풍처럼 흙으로 돌아가지만

나의 품위와 영혼은 천국과 함께 영원히 존재하고

나를 아는 누군가는 행복하게 웰백한 '그'라고 기억하기 때문이다

내가 죽음 골짜기에서도 움츠리지 아니한 것은 일생 동안 나를 안위해주시고,

나를 위해 예비된 영원히 거할 품속, 하나님이 함께함이다

01

조심 조심
안전 노후, 외로움 고독

낙상을 막으려면 사회적 접촉을 늘려야 한다?

일반적으로 낙상을 피하려면 튼튼한 다리 근육으로 골다공증 등을 예방하고, 건강한 음식을 고루 섭취하며 꾸준히 운동해야 한다고 알고 있다. 하지만 이 외에도 낙상을 일으키는 중요한 요소가 사회적 접촉의 유무라고 한다. 관련 연구로 2022년 4월 10일 대한임상노인의학회에서 분당 차병원 가정의학과 김영상 교수가 연제 발표 최우수상을 받았다. 김영상 교수는 노쇠로 인한 낙상을 연구하기 위해 12년간 관찰한 데이터를 기반으로 그 연관성을 확인했다.

연구는 신체적 노쇠뿐 아니라 정신적, 사회적 노쇠가 낙상을 예측하는 중요한 요소임을 밝혔다는 점에서 높은 평가를 받았다. 노쇠는 개인적 및 사회적 기능을 유지하는 균형이 깨지면서 노인성 질병이나 사망에 가까워지는 상태를 뜻한다. 보행과 균형 유지에 어려움을 겪는 신체적 노쇠가 낙상의 원인이라는 점은 꾸준히 인정받아 왔다. 그러나 노인성 우울증을 비롯한 정서적 문제나 사회적 고립이 낙상의 조건을 만든다고 생각하기는 쉽지 않다.

해당 연구에서 김영상 교수는 노쇠의 차원을 새롭게 분류하고 낙상 가능성과 연결해 개인의 근력 향상과 안전 시설에만 초점을 둔 기존 대책을 바꿀 필요를 제시한다는 점에서 의의가 있으며, 노인 낙상을 방지하기 위해 정서 지원뿐만 아니라 사회 접촉을 늘릴 대안이 필요하다고 밝혔다. 공유한 내용처럼 뇌 건강부터 낙상 방지, 백세 체력을 단련하고 정신과 육신이 함께 행복하도록 노력하자.

안전한 생활 환경을 위해 집안, 화장실 등에서 미끄러짐 방지 매트와 슬리퍼 착용하고 눈이나 비가 내릴 때는 미끄럼 방지 신발을 착용하자. 집안을 밝게 하며 어두운 곳을 다닐 때는 반드시 손전등, 헤드 램프를 준비한다. 계단 양쪽에는 견고한 지지대를 설치하고, 화장실 주변 등은 안전 손잡이를 부착한다. 혹시 모르니 높은 곳에 물건을 두지 말고, 가구 등에 있는 날카로운 모서리 보호 스펀지를 붙여 놓는다.

119 등 긴급 신고

119 등 긴급 전화를 누르거나 단축 번호를 사용(경찰, 소방, 구급 서비스 등)한다.

스마트 기기와 앱: 스마트폰이나 스마트 워치에는 응급 상황 시 사용할 수 있는 SOS 기능이 내장되어 있어 활용하고, 별도의 응급 호출 앱을 사용할 수 있다.

관련 복지 단체 등과 자동 연결, 가족들 간 미리 정해 둔 방법으로 상호 호출하고 이웃 간(아파트 관리소 등), 건물에 설치된 비상벨 등 위치를 파악해 긴급 시 누른다.

02

나이 들어도 희망은 커진다

도전과 목표는 실버 세대 삶의 질을 향상시키는 데 중요한 역할을 한다. 새로운 경험과 활동을 통해 그들의 삶에 풍요와 의미를 더하며, 더 건강하고 활기찬 노후를 보낼 수 있게 도와준다.

올해 94세가 된 지구 최강 동안이자 1978년 여성 의사로서 국내 최초로 의료법인을 설립한 이길여 가천대학교 총장은 바쁘게 살아온 만큼 다양한 직함을 갖고 있으며, 대표적으로 가천대학교(총장), 가천문화재단(명예 이사장), 가천대 길병원(명예 이사장), 서울대학교 의학 학사, 2012년 뉴스 위크 선정 세계를 움직이는 여성 150인에 선정된 프로필 소유자이다. 최근까지도 대학 총장으로서는 드물게 학생들과 대중에게 존경받고 인지도가 매우 높은 청장년 94세이다. 지금도 허리가 꼿꼿하고, 균형 잡힌 몸에 근력을 잘 유지하고 있는데 근력의 비결은 요가와 같은 스트레칭을 하고, 하루 한 시간 이상 산책하기 때문이며 골프를 즐기는 대식가로도 알려져 있다. 93세이던 2023년 대학 축제에서 싸이의 말춤을 추는 동영상은 장안의 화제로 폭발적인 인기를 기록하기도 하였으며 최근에는 가천대학교 이모티콘 주인공으로도 학생들과 소통하고 있다.

심신의 변화를 잘 받아들이고 물리적으로 건강을 다지면서, 새로운 배움과 경험으로 정신적 삶을 이어가며 노화를 자연스럽게 받아들이는 웰-에이징(well-aging)의 모습. 그리고 웰백을 향한 삶은 우리 모두에게 반성과 귀감 그리고 감동을 주며, 백세에 대한 막연함이 아닌 구체적인 삶과 실천을 엿보게 한다. 이 저서를 읽은 독자들은 귀한 선물을 받은 셈이다. 개인적으로도 본 저서의 처음과 끝을 아우르며 집필의 동기가 되어주신 롤 모델이시다.

희망 오십 버릇, 습관 세우기

도전과 시작 그리고 목표가 있는 오십

뇌 사용 증폭과 창의적 생각, 두뇌 게임에 대한 새로운 목표를 세우고 도전한다.

새로운 학습, 취미 활동과 모임, 예체능, 언어 배우기, 식생활 변화

변화와 긍정적 뇌 사용 피크에 다가간다.

교회에 등록하여 종교 활동하기, 사회와의 긍정적이고 적극적인 소통

디지털 기술 습득하고 MZ세대, 알파 세대 손주들과 소통하며 품격 있는 중년으로 살아갈 습관을 들인다.

꼰대가 아닌 사회와 소통의 달인, 멘토

기술, 경영 비법, 관리 방법, 자녀 양육, 믿음 생활, 건강 관리 여행 경험 등 물적, 정신적 멘토가 되어 사회봉사에도 참여한다. 젊은 세대를 위한 디딤돌 중년이 되어주고 기부와 사회 환원, 나보다 약한 자들을 섬기는 희망을 품는다.

희망의 웃음과 늘 감감사

자주 웃자. 웃는 계기를 자주 만들자. 웃음 근처에 기웃거리자. 동참하자. 오늘 나이에 사실에 감사하자. 모든 일에 감사하자. 백세까지 건강하게 살 것을 미리 감사에 감사를 더해 감감사하자. 감사하다 보면 호르몬 물질, 코르티솔 등 대폭 증가로 스트레스에 대응한다. 면역 체계를 강화하고 기분을 업시키는 엔도르핀, 도파민이 분비된다. 사람들과의 관계를 강화시키며, 소속감과 연결감의 깊이를 더한다. 즐거움과 재미를 제공하여 휴식과 회복 그리고 근육 이완에 큰 효과가 있다. 감사의 태도는 실버

들의 삶에 더 깊은 의미와 목적을 제공한다. 감사는 자신의 상황을 타인과 비교, 질투하는 경향을 줄일 뿐만 아니라 작은 것에서도 큰 기쁨을 느끼며 가치를 찾는다. 문제 해결과 도전에 대한 열정을 강화하고 염려를 쉽게 극복하게 한다.

자신을 돌보며 희망찬 미래로

피부, 머리카락, 뱃살, 손과 손톱 등과 신발, 복장을 간결하고 깨끗이 관리하자. 선크림, 염색, 메이크업 그리고 의술과 관리 기술을 사용하며 세월을 그냥 보내지 말자.

신속한 치료와 처방은 희망의 초석

집에서 가까운 동네 의원 혹은 병원을 스스로 주치의 병원으로 정한다. 검사나 치료하러 갈 때 평소 건강 상태 등을 정기적으로 확인하는 것이다. 의사들이 약 처방을 조절해 주거나, 추가, 삭제 혹은 권유하기 때문이다.

희망찬 예방 재산 등 관리 습관

투자는 비용이 아닌 미래 수익에 대한 선 지출금이다. 예방은 과하지만 않으면 문제가 없다. 한정되지만 보유하고 있는 재산을 지혜롭게 배분하고 실행하는 습관으로 희망이 가득한 미래로 가자.

03
백세 때 나의 모습은

김형석 교수님은 저서 인생문답(人生問答)에서 젊음을 유지하는 비결에 대해 말씀하신다. 100세를 넘기니 이제 나이를 세는 것이 무용해졌다며 그저 하루를 충실히 살아내는 데 집중하신다고 한다. 일을 하면서 젊음을 지키고, 물리적으로는 50대부터 건강을 관리해야 80세까지 건강해질 수 있다. 운동과 일, 공부는 아무리 나이가 들어도 포기할 수 없는 부분이다. 사람은 공부하지 않으면 늙는다고 말씀하신다. 그렇게 100세까지 사는 사람은 공통적으로 욕심이 없고 감정 조절을 잘 한다. 이것이 인생을 낭비하지 않고 장수하는 방법이다.

김형석 교수님은 저자의 학창 시절에 존경 받는 교수님이셨으며 제자들을 위한 특강도 자주 하셔서 찾아가 수업을 듣곤 했다. 세브란스 병원 옆 단독 주택에 거주하셨는데 잔디밭을 앞에 두고 차를 내주시며 말씀하시던 게 아직도 생생하다. 대한민국의 영원한 철학자이자 존경받는 멘토이시다.

삶의 종착지는 당당하고 품위있는 나.

가버린 세월은 순식간이고 세월은 붙잡으려 하면 할수록 더 앞서간다. 나이 붙는 속도는 더욱 빨라지니 '미스트롯'의 한 노래 가사처럼 시간을 더 달라고 부탁하지만 '세월은 못 들은 척하고 야속하기만 하네.'란 말이 실감 난다. 세월 앞에 장사 없다는 말을 앞에 두고, 우리는 세월을 친구로 삼아 품위 있는 예비 백세로 살아가고 있다. 목표를 세우고 창의적으로 사고하고 생활하며 후세들과 소통한다. 백세의 우리들은 아래처럼 글을 쓰고 있을 것이다.

백세를 살아보니 가장 소중히 여기는 가족들과 함께 지내온 시간이 누구보다 많았고 배움과 목표 그리고 성취의 기회가 풍성했다. 새로운 취미나 여러 관심사의 활동을 더 자유롭고 다양하게 발견하고 탐험할 수 있어 늘 20세의 나이로 살아왔다. 백세 여정의 길에서 많은 이웃과 소통하며 나의 삶을 통해 사회에 기여하고 세상을 더 나은 곳으로 만드는 기회를 가질 수 있었다. 오랫동안 살면서 시행착오를 거듭하며 투자와 유지 그리고 경제적 안정과 자산을 확보하는 지혜를 축적했다. 나의 가치관과 백세 삶의 정체성이 형성되었고 언제나 뇌를 생명력 있게 사용한다. 무엇보다도 하나님과 동행하며 지금껏 나를 의탁해왔음을 고백한다.

백세의 나는 나의 노력과 경험으로 인해 지혜롭고 멋스러운 날을 살아가고, 골라 먹고 도전하는 식습관, 꾸준한 운동과 건강한 생활 습관 덕분에 활발하게 움직이며, 많은 사회 활동을 즐긴다. 무엇보다 뇌가 건강하여 젊은이들이 뇌섹남 백세라 부른다. 머리카락은 백발로 바뀌었지만, 그것은 나의 오랜 연륜과 경험 그리고 노력을 상징하는 것으로, 주위 사람들은 백발의 지혜를 존경한다.

눈 주변에는 잔주름이 보이고 눈꺼풀은 처져 있지만 그 속의 눈빛은 깊고 여전히 맑으며 반짝이는 별처럼 호기심 가득하게 빛난다. 도전하는 모습으로 주변의 배움 등을 놀이로 생각하고 주어진 환경과 일들을 즐겁게 생각하면서, 세상과 사회 그리고 주변 사람들을 탐험한다.

새로운 것을 배우는 데 여전히 열정적이며 가족과 친구들과의 소중한 추억들로 인해 언제나 웃음과 긍정적인 에너지로 가득 차 있는 나를 본다. 목표를 세웠고 계획을 수립하고 일기를 쓰며 정리한 히스토리는 나의 일생이라. 손편지와 손그림을 작성하고 전달하면서 나의 진심을 전하고 나를 기억하게 만들곤 하였다.

생활의 지혜와 경험 그리고 시행착오 등의 백세 역사를 바탕으로 청년들에게 조언과 격려를 주고, 이야기와 경험을 나누며 다른 이들에게 영감을 줄 것이다. 나의 모든 걸 내어주고 미래 세대를 위한 도약의 디딤돌이 되어 있다. 어려운 그 시절의 사회 갈등을 푸는 데도 관심을 쏟아 붓는다.

무엇보다 행복한 미소가 있는 것은 지금까지의 삶이 축복 받았으며, 생활 속에서 소소한 행복을 찾아 누렸으니 하나님께 전심으로 감감사(感感謝) 기도하며 가족과 주변과 사회에 대한 감사를 마음에 새긴 백세 ○○○ 이기 때문이다.

웰백, 오십에 만나는 백세 습관

초판 1쇄 발행 2024년 4월 1일

지은이 오은주, 전동균

펴낸이 김영근
편집 김영근, 최승희
마케팅 김영근
디자인 강초원
펴낸곳 마음 연결
주소 경기도 수원시 팔달구 인계로 120 스마트타워 1318
이메일 nousandmind@gmail.com
출판사 등록번호 251002021000003

ISBN 979-11-93471-03-6
값 20,000원